NOTES ET SOUVENIRS.

168.
80.

ARCHIVES

DE LA FAMILLE

MAUFRAS DU CHATELLIER

(CHATEAU DE KERNUZ, PRÈS DE PONT-LABBÉ).

ORLÉANS

TYPOGRAPHIE ERNEST COLAS

RUE DES PETITS-SOULIERS, 30.

1881

NOTES ET SOUVENIRS.

—

ARCHIVES

DE LA

FAMILLE MAUFRAS DU CHATELLIER

(CHATEAU DE KERNUZ, PRÈS DE PONT-LABBÉ).

ORLÉANS. — IMP. ERNEST COLAS.

NOTES ET SOUVENIRS.

ARCHIVES

DE LA FAMILLE

MAUFRAS DU CHATELLIER

(CHATEAU DE KERNUZ, PRÈS DE PONT-LABBÉ).

ORLÉANS

TYPOGRAPHIE ERNEST COLAS

RUE DES PETITS-SOULIERS, 30.

—

1881

Grâce à un de mes amis, qui fut pendant plusieurs années président du Tribunal de Coutances, j'ai pu, en m'appuyant sur les données fournies par les archives de l'ancienne vicomté, reprendre l'histoire de ma famille à partir du xive siècle. Je l'ai complétée par plusieurs documents empruntés aux preuves de l'*Histoire de Bretagne*, et j'ai trouvé, d'autre part, quelques renseignements dans l'histoire de la famille de Bastard, à laquelle appartenait ma mère. Un des exemplaires du livre magnifique qui forme cette histoire, m'a été donné par son auteur, M. le vicomte de !Bastard d'Estang, dont le frère était vice-président de la Chambre des pairs sous la Restauration. Cette publication intime et privée m'est restée présente comme un bon exemple que la plupart des familles devraient suivre. — Pourquoi, en effet, ainsi que les seigneurs de l'ancien temps, ou les communes de notre âge, les familles ne mettraient-elles

1.

pas un soin religieux à conserver leurs traditions et à constater les faits qui les honorent ainsi que les bons exemples qui pourraient être suivis par leurs descendants. Si l'esprit de famille reste une chose sacrée et pleine de douceur, ce soin devrait être recherché par tous.

A. MAUFRAS DU CHATELLIER.

NOTES ET SOUVENIRS.

ARCHIVES

DE LA

FAMILLE MAUFRAS DU CHATELLIER

(CHATEAU DE KERNUZ, PRÈS DE PONT-L'ABBÉ).

Château de Kernuz, août 1880.

Quand Dieu, en nous donnant entrée dans le monde, nous a traité assez libéralement pour nous accorder, avec des facultés suffisantes, la force et la santé nécessaires pour arriver au terme d'une longue existence, il se présente aux derniers moments de cette existence, une foule de souvenirs et de pensées que je veux essayer d'exprimer.

Attaché par le sang à une famille honorable et très-estimée, les premières années de mon enfance et de ma jeunesse se sont trouvées constamment environnées de cette douce sollicitude qui m'a aidé à arriver, sans trop d'encombre, à l'époque décisive où l'homme prend rang dans la société de ses semblables.

Né à Quimper le 7 avril 1797, je fus mis en pension à l'âge de huit ans chez un brave curé de la petite ville de Locronan où demeurait une sœur de ma mère, mariée à M. de Leissègues-Rosaven, notaire de l'endroit ; je passai deux années complètes avec trois autres pensionnaires comme moi chez l'honorable ecclésiastique qui avait bien voulu recueillir dans son modeste presbytère, les jeunes gamins dont la garde lui avait été confiée. Je me rappelle avec bonheur, encore aujourd'hui, la bonté très-bienveillante avec laquelle nous étions traités par cet ecclésiastique qui rentrait de l'émigration et de l'Espagne où la tourmente révolutionnaire l'avait forcé à se réfugier. Tout en nous donnant quelques leçons de latin, il nous parlait souvent de ce qu'il avait aperçu en Espagne et aussi des escadres et des vaisseaux qu'il avait vus dans les ports de France ou de l'Etranger. Placés sur un lieu de passage pour tous les marins français qui se rendaient de l'intérieur à Brest à l'aide de chevaux de relais, seul moyen de transport quand le service des diligences n'avait point encore été régularisé, nous avions l'occasion, presque chaque jour, de voir sur la place publique de Locronan des officiers et de nombreux marins du port de Brest ou de Lorient, en quête de chevaux de louage. Ces officiers et ces marins se promenaient plus ou moins de temps au milieu des habitants, toujours curieux de les voir et de leur offrir leurs services. Jeunes et curieux nous-mêmes, comme les plus avisés de la localité, nous étions de tous les groupes et de toutes les conversations. Nous avions d'une autre part, comme tous les jeunes enfants de l'endroit, nos fouets tressés de chanvre pareils à ceux des loueurs de chevaux qui offraient leurs *localis* ; et faisant claquer nos touches à coups répétés, nous eussions été prêts comme eux à prendre notre course à la suite des partants pour ramener leurs chevaux si nous n'avions pas eu nos verbes et nos déclinaisons à répéter au bon M. Vistorte, notre maître ès toutes sciences.

De ces ébats et de ces rencontres journalières, les élèves du cher curé avaient pris un goût prononcé pour tous les amusements qui, de près ou de loin, pouvaient se rattacher à la marine et chacun de nous avait son bateau, sa frégate ou son vaisseau à trois ponts. Dans ces entrefaites je fus assez heureux pour être gratifié par un ami à mon père d'un modèle du port de Brest, qui portait le nom du vaisseau l'*Achille* qui périt, je crois, à Trafalgar. Le jour où cet incomparable bijou fut introduit à la cure, fut regardé comme un événement de premier ordre qui agita profondément toutes les imaginations ; les flaques d'eau où nous

avions jusqu'alors promené nos coques de noix, ne pouvaient plus suffire, et il fallut creuser un vaste bassin dans
la cour du presbytère sous les égouts d'une des plus puis-
santes gargouilles de l'église de Saint-Renan qui nous abri-
tait du soleil et du vent à certaines heures du jour.

Comme je le disais en commençant, j'ai passé là deux de
mes jeunes années m'étant largement évertué dans les exer-
cices variés du corps, mais sans avoir fait aucun pas marqué dans les études sérieuses auxquelles je devais me livrer
plus tard.

Ces premiers moments s'écoulaient donc de 1805 à 1807.
Mon père, à cette époque, se trouvait juge au tribunal cri-
minel de Quimper et ses services lui permirent d'obtenir
pour moi une demi bourse de pensionnaire au lycée de
Rennes qui venait d'être ouvert il y avait peu de temps.

Mais avant de reprendre mon récit à partir du moment où
je quittai ma ville natale, je veux rapporter ici un des plus
anciens souvenirs qui me soient restés dans la mémoire : il
est empreint de toute la couleur des premières années du
siècle, car je ne devais pas avoir plus de cinq à six ans. Le
fait se passa dans les salles et la chapelle de l'évêché de
Quimper. A ce moment ce bel édifice dont quelques parties
furent érigées par un membre de la famille de Rohan dans
le cours du XVIᵉ siècle, n'avait point encore été rendu au
culte. La cathédrale n'avait été ni vendue, ni affectée à
aucun service spécial pendant la Révolution, mais l'évêché,
qui lui est contigu, avait été aliéné au profit d'un sieur
Bonnaire qui en avait fait un hôtel pour les voyageurs. Je
ne sais quelle fête ou quel anniversaire vint à avoir lieu;
quoiqu'il en soit, de grands préparatifs furent faits dans
l'intérieur de l'ancienne demeure épiscopale.

Tous les portraits en pied des évêques qui s'étaient trou-
vés placés et réunis successivement dans la salle synodale
du Palais, avaient été enlevés et la chapelle privée de l'é-
vêque qui en était voisine, avait été elle-même dégagée de

tout ce qui aurait pu rappeler l'ancien culte. Je me vois encore mené par la main et suivant mon père par un étroit escalier disposé pour la soirée dont je veux parler. Dès les premières marches j'entendais la musique, et un instant après je me trouvai avec mon père dont je ne lâchai pas la main, au milieu d'un bal très-animé où les masques et des costumes bizarres m'étonnèrent beaucoup et me causèrent une vive impression ; un autre détail ne laissa pas que de me frapper également : ce furent les jeux de carte et les enjeux étalés sur les tables qui avaient été dressées dans la chapelle épiscopale.

Le silence respectueux qui règne aujourd'hui dans ces mêmes lieux, offre un contraste bien frappant avec ce que les événements avaient fait un instant de la demeure où tant de pieux évêques s'étaient recueillis ; mais à quelles énormités les révolutions politiques de notre pauvre pays ne nous ont-elles pas habitués !

Je reviens à mon départ pour le lycée de Rennes. Mon père qui avait dans cette ville une partie de sa famille, tint à me remettre lui-même aux nouveaux professeurs qui allaient être chargés de mon instruction. On voyageait alors à très-petites journées sans marcher la nuit, si bien qu'arrivant un peu tard près de Ploërmel, où la couchée devait avoir lieu, je ne laissai pas que de prêter une grande attention à ce qui se disait dans la voiture publique entre mon père et quelques interlocuteurs, qui s'entretinrent un instant des attaques encore récentes des chouans qui avaient longtemps sillonné le pays. On parlait d'escortes accordées à la diligence elle-même à la suite de l'enlèvement inattendu du nouvel évêque de Vannes, M. de Pancemont, au moment où il faisait une de ses tournées pastorales pour la confirmation.

J'étais naturellement inquiet comme un jeune enfant, près duquel tous les croque-mitaines de l'ancien régime n'étaient rien en comparaison des chouans introuvables et invisibles qui se rencontraient cependant partout où il y avait des coups à porter aux hommes et aux institutions du nouveau gouvernement. De Ploërmel le lendemain matin, nous nous rendions dans une carriole couverte d'une simple toile au château de Trécesson en Campénéac, où mon père avait un de ses oncles qui l'attendait. Trécesson était un de ces vieux châteaux du XVIe siècle qui avait encore ses douves et son pont-levis et aussi ses grandes salles basses peu éclairées, où plusieurs générations de vieux gentilshommes s'étaient écoulées sans bruit, ne laissant que le souvenir de quelques étrangetés de caractère et d'humeur ayant formé le fond de plusieurs légendes qui s'effaçaient de jour en jour. Je restai là une huitaine avec mon père près de son oncle et d'une vieille cousine qui reprenaient à table, les récits plus ou moins accrédités du vieux temps. Au nombre de ceux-ci était la naïve histoire d'un jeune seigneur de Trécesson qui, au moment de s'éloigner de sa famille, était conduit par sa nourrice au delà du pont donnant entré au château et qui, rendu à une certaine distance quand la nourrice allait le laisser prendre son essor, se retournait subitement et revenait, à son tour, conduire la nourrice vers le vieux château sans pouvoir se séparer d'elle et sans que celle-ci de son côté renonçât à faire la conduite à son jeune seigneur, qui de rechef reprenait le pas vers le château, la nourrice repartant encore du pont et du vieux donjon, sans pouvoir se décider à abandonner le jouvenceau à tous les hasards de l'inconnu ; naïve expression de tendresse domestique presque filiale, qui avait longtemps retenu dans les mêmes liens tous les habitants de la demeure féodale des anciens officiers de la maison des ducs de Bretagne.

Outre cette histoire il en fut raconté une autre beaucoup plus émouvante, et je n'ai pas besoin de dire combien j'en restai frappé.

Il s'agissait d'une jeune femme nouvellement mariée qui,

dans une nuit peu éloignée de ses noces, aurait été victime de la brutale jalousie de son mari. Celui-ci l'aurait traînée dans un coin écarté du parc de Trécesson, et après des sévices répétés, l'aurait enfouie dans une fosse quand elle était encore vivante. Les cris de la malheureuse seraient parvenus jusqu'au château et le sire de Trécesson aurait été assez heureux pour la sauver et la ramener à la vie. Une robe et sa couronne nuptiale sont restées depuis déposées sur l'autel de la chapelle de Trécesson, où un ami que j'avais prié de s'assurer de l'exactitude de mes souvenirs m'écrit qu'on peut encore les voir aujourd'hui, bien fanées, bien délabrées, mais toujours conservées comme un témoignage irrécusable du fait lui-même.

Outre ces histoires des anciens temps, il en revenait quelques autres qui se rapportaient à des faits plus rapprochés de nous. C'est ainsi qu'au moment du dessert, après un de ces longs repas qu'on faisait alors dans tous les châteaux, j'entendis mon père dire à son oncle que c'était aux bons offices de son ami Defermon, dans le moment chef de la trésorerie du nouvel Empire, qu'il devait la demi bourse à l'aide de laquelle j'allais entrer au lycée de Rennes. Le nom de M. Defermon toutefois était trop connu et trop sympathique sur les lieux mêmes pour qu'on en restât là, et mon vieil oncle avec mon père se mirent à reprendre dans leurs moindres détails, le récit des événements qui avaient suivi la journée du 31 mai 1793 et la déroute des Girondins et des fédérés à Vernon en Normandie, où mon père s'était trouvé comme quartier-maître de la légion du Finistère marchant contre les maratistes. M. Defermon et mon père, après la journée de Vernon, avaient eu l'idée de chercher un refuge à Trécesson ; ils y arrivèrent de nuit et tous les soins de la plus tendre amitié leur furent prodigués par le vieil oncle, dans le but de les soustraire à l'attention des domestiques ainsi qu'aux soupçons des membres du comité révolutionnaire de Ploërmel qui ne tardèrent pas à s'éveiller. Mais les deux réfugiés leur échappèrent, l'un en se tenant bloti dans les roseaux des Douves sous le pont qui conduisait de la cour dans les jardins, l'autre en se tenant coi sous le couvercle d'un des sièges des communs.

Bien jeune, je ne portai peut-être pas à ces récits toute l'attention qu'ils pouvaient réclamer, mais quoique près de trois quarts de siècle se soient écoulés depuis, le souvenir m'en est resté très-présent, et bien que n'ayant jamais remis les pieds à Trécesson, je pourrais encore en décrire les tours qui existaient, la grande salle où nous mangions et dont les fenêtres donnaient sur les douves pleines d'eau où je pêchai, et je pris plusieurs gardons qui firent ma joie et mon bonheur.

Mais il fallut partir de Trécesson à court délai; et, à quelques jours de là, j'étais bien et dûment immatriculé dans la 7e compagnie du lycée de Rennes, pourvu, suivant le règlement et mes dix années d'âge, du claque d'uniforme et d'une culotte courte, grise, tranchant sur des bas bleus. C'est sous ce costume que je me trouvai lancé pour sept ans afin de me préparer à tout ce que les dispensateurs des faveurs impériales voudraient faire de moi si je devenais bon à quelque chose.

Sept ans de pensionnat dans un collége fermé duquel je ne devais sortir qu'une fois par mois pour aller passer un congé de quelques heures chez une vieille tante, sœur aînée de mon père, qui vivait avec une ancienne maîtresse de pension son amie plus âgée qu'elle, ne devait offrir évidemment rien de bien attrayant à un esprit et à un caractère doués d'une vivacité incontestable s'il m'est donné d'en bien juger. Aussi n'arrivai-je jamais à jouir très-exactement du congé mensuel accordé par les règlements ; et il advint assez souvent que j'en fus privé avec aggravation de peine, par la retenue des 4 sols pour lesquels mon père m'avait inscrit chez l'économe à titre de prêt hebdomadaire pour le dimanche. Des négligences dans mes leçons, des infractions à la discipline courante des classes et des salles d'étude furent le motif le plus répété de ces privations. J'en pris d'ailleurs assez facilement mon parti, et quelques corrections sévères comme la prison ne parvinrent pas à me ranger parmi les élèves qu'on pouvait donner comme exemple aux conscrits qui nous arrivaient. Aussi pendant les longues années de ce rude noviciat, ne pus-je parvenir à conquérir aucun des grades de caporal ou de sergent dans les compagnies organisées militairement dont je faisais partie. Je continuai néanmoins à faire, comme on le disait vulgairement le tour de la cour, en allant de la septième à la rhétorique que j'atteignis à grand peine. Aussi, en dois-je l'aveu formel, je restai tout au long sans beaucoup rougir des rangs peu élevés auxquels je pus parvenir.

Toutefois arrivé à la troisième et à la seconde, continuant à fuir devant les pensums et les centaines de vers à copier, je me trouvai tout à coup appelé à des études nouvelles qui m'attirèrent presque d'elles-mêmes. On me parla de mathématique et de calcul et sans coup férir, un esprit de suite et de recherche s'empara de moi, de manière à fixer mon attention qu'une ardeur inattendue ne tarda pas à exciter très-vivement. Je me trouvai ainsi avoir devant moi trois années d'étude réglementairement indiquées, l'arithmétique, la géométrie et les spéciales.

Je m'étais inscrit pour vouloir me préparer à l'école navale qu'on venait de fixer à Brest sur un vaisseau de l'Etat ; et, pour me disposer plus sûrement et y parvenir je demandai la faveur de pouvoir suivre la même année les deux cours d'arithmétique et de géométrie qui se faisaient à des jours différents. Vainement le professeur de ces cours objecta-t-il que je ne pourrais certainement pas suivre les deux simultanément, on me le permit cependant, et il arriva que soutenu de l'ardeur qui m'avait poussé à cette demande peu ordinaire, j'arrivais à me classer comme le premier élève du cours de géométrie pour les derniers six mois de l'année scolaire, bien que nous fussions quatre-vingts élèves sur les bancs.

Quelques leçons que je dus à un ami, M. Ruinet, mon condisciple et mon compatriote quimpérois, jointes à un travail soutenu et pris sur mon sommeil du matin, m'aidèrent à obtenir un résultat qui m'éleva quelque peu à mes propres yeux, et me fit espérer qu'au lieu d'arriver à l'école navale je pourrais atteindre l'école polytechnique.

Les spéciales s'ouvrirent devant moi l'année suivante, et en quittant M. Le Port, mon professeur regretté des élémentaires, j'entrai dans le cours de M. Galbaud-Dufort avec quarante de mes camarades desquels étaient Pierre Le Roux, Duhamel, Roulin, Bertrand et Le Tarouilly. A trois mois de l'ouverture du cours, nous n'étions plus que huit sur les quarante du premier jour. Ce n'est pas que l'enseignement du professeur fût mauvais ou insuffisant, mais le cours était chargé et il fallait l'exposer très-rapidement. Malgré une aptitude marquée pour les études mathématiques, je fus plusieurs fois au moment d'abandonner ce cours. Mon ami Le Roux m'en dissuada et il n'eut pas de peine à me faire changer d'idée en venant après la classe du soir, finissant à 4 heures, se renfermer avec moi dans la classe des incorrigibles qui se trouvaient privés de récréation de 4 à 5 heures, et reprendre là avec moi la leçon du professeur Galbaud-Dufort, qu'il avait l'avantage d'avoir déjà suivie l'année précédente.

Comment ne me serai-je pas rappelé toute ma vie cet acte si délicat du parfait dévouement d'un camarade dont le nom, quand il arriva à l'âge d'homme, fut un instant mêlé aux plus grands événements de son temps ?

Nous nous étions perdus de vue à la sortie du collége et nous nous retrouvâmes à Versailles quand la République de 1848 vint à fleurir un instant. J'étais sur le lit pris d'une attaque de goutte sciatique, quand Le Roux que j'avais avisé de ma présence, accourut me voir et m'embrasser avec

cette effusion amicale qui renoua sans peine tous nos souvenirs du premier âge. Mon fils et un de ses camarades,
tous deux étaient présents quand je rappelai à Le Roux le
soin qu'il avait pris de me mener à la classe des incorrigibles
pour me répéter la leçon des spéciales... tiens, me dit-il,
j'avais oublié cela et il laissa couler ses larmes en m'em-
brassant de rechef, mais ce que je n'ai pas oublié ajouta-t-il,
c'est le bon tour que nous avons si souvent joué au pion de
garde, en grimpant comme des singes au haut des plants
de la charmille qui était au bout de la grande cour de récréation et nous y blotissant pour lire les romans de Pigault-
Lebrun, que nous procuraient quelques externes. — C'est
cependant vrai et c'était avec assez de raison que nous res-
tâmes l'un et l'autre assez mal notés, pour n'avoir jamais
pu arriver aux galons de caporal.

Mais puisque nous y sommes, encore un trait de ce pauvre
Le Roux, qui après avoir fondé le journal le *Globe* avec
Dubois, de Rémusat, Cousin et quelques autres, s'était montré à la constituante de 48 comme un des députés les plus
excentriques. Son talent le laissait classé comme un écrivain de très-haute valeur, mais son imagination dévoyée
le faisait regarder par d'autres comme un illuminé fort dan-
gereux, auquel on reprochait à juste titre cette proposition
extravagante, tendant à établir que le droit électoral ne
fût refusé à personne pas même aux forçats détenus au
bagne. — Dans l'intervalle des sessions, Le Roux ne tou-
chant plus les 25 francs auxquels son mandat lui donnait
droit, se trouva avec sa femme et plusieurs enfants qu'il
avait près de lui, dans un dénuement voisin des plus grands
besoins. Un matin, il vint me conter ses peines et me demander si je ne pourrais pas lui prêter 100 francs, — très-
volontiers lui dis-je ; et à quelques jours de là, dès l'ouverture de la Chambre, il revint me voir et me remercier en
déposant sur ma cheminée un rouleau de pièces de 5 francs
dont l'aspect à première vue me parut d'une longueur dé-

mesurée... Mais en voilà beaucoup, — oui, me répondit-il, cent écus comme tu as bien voulu me les prêter. — Mais non, ce n'est que cent francs que je t'avais donnés. — Tu crois ? et le cher philosophe toujours distrait et aussi peu capable de régler ses comptes que par le passé, reprit la différence sans être sûr d'aller bien loin avec ce qui lui revenait de sa solde de député. Et comment en aurait-il été autrement : l'habile spéculateur en théories plus ou moins creuses n'a jamais su compter ni avec ses amis ni avec lui-même, et quoique je l'aie rencontré plusieurs fois, au milieu de sa popularité divaguante, attablé avec sa femme et ses enfants autour d'une vaste soupière et d'un plat de bœuf bouilli, il devait et n'a pas manqué de mourir dans la plus complète misère.

Pour le moment je n'ai aucune raison de continuer l'histoire de mes anciens condisciples, quoiqu'ils m'aient été plus ou moins connus et je reviens aux dernières années que je passai au lycée. J'y terminais mes études au moment où le grand Empire s'effondrait, et j'ai retenu comme souvenir que les prisonniers de guerre Russes, Allemands ou Espagnols qui arrivaient tantôt du midi, tantôt du nord pour être internés à Rennes, se trouvaient dans un état de délabrement bien affligeant.

Un jour, c'était des Russes de haute taille que nous rencontrions harassés et défaits sur la route de Vitré à Rennes où nous étions en promenade; plusieurs de ces malheureux, la plupart pieds nus et n'ayant que des vêtements déchirés, cheminaient lentement dans la boue, les uns, traînant la jambe, d'autres ayant le bras en écharpe ou la tête enveloppée de mouchoirs ensanglantés : quelques soldats formaient escorte.

Quant aux espagnols que nous apercevions entassés dans les écuries et les baraquements en bois placés à l'entrée des allées du mail où l'on nous menait quelquefois prendre l'air, ils nous faisaient à tous l'effet d'hommes

petits, maigres et de teint fortement bistré. Nous les tenions comme de médiocre considération eu égard au caractère et aux vertus guerrières de l'époque.

Au fond quoique vivement affectés de ces rencontres qui se répétèrent fort souvent dans l'hiver de 1813 à 1814, nous persistions à penser et à nous dire que le grand Empereur ne pouvait succomber. D'ailleurs nous étions tous prêts à marcher au premier appel qui nous serait fait. Plusieurs de nos camarades s'étaient engagés dans les lanciers ou les chasseurs de la garde, trois ou quatre étaient partis dans les gardes d'honneur et on parlait de remettre des fusils à tous ceux qui seraient en état de faire l'exercice. Je me trouvais du nombre de ces derniers, et un beau matin j'eus l'honneur avec trente ou quarante camarades, après deux ou trois jours d'exercice, d'être passé en revue dans une des salles de récréation du lycée, par un envoyé extraordinaire de Sa Majesté l'Empereur et Roi, M. le comte de Lawriston, sénateur de l'Empire. Je me rappelle encore la haute stature de ce Monsieur, la belle tenue de son jeune aide de camp et la pause encore virile et presque martiale de notre vieux capitaine nommé Ségouin, qui dans les premières années de sa carrière militaire avait été le camarade de lit de Bernadotte, promu depuis au grade de maréchal de France et de Roi de Suède. Tout élève encore vivant de l'ancien lycée de Rennes ne peut manquer de se rappeler les interminables histoires du capitaine Ségouin à l'égard de son camarade couronné ; parlant souvent de son intimité de gamelle avec Bernadotte, il nous avait plusieurs fois dit que son fils aîné n'avait pas moins de 5 pieds 9 pouces et que le Roi de Suède l'avait fait entrer dans sa garde comme lieutenant de grenadiers.

Ce fut donc, au milieu de ces récits et de ces émotions, que l'Empire et son chef disparurent, laissant dans nos jeunes imaginations une trace profonde qui ne devait pas s'effacer de sitôt.

Avec la précipitation des plus grands événements du siècle arriva le retour des Bourbons. Les jeunes élèves de 15, 16 et 17 ans formaient avec moi la tête de colonne du lycée. Les contes et les récits continuaient à troubler profondément nos études. On essayait de nous civiliser et on nous avait fait amener la cocarde tricolore, mais le proviseur et nos maîtres d'étude craignaient à chaque sortie qu'on nous faisait faire pour la promenade, que nous ne fissions quelque algarade, surtout depuis que l'arrivée du duc d'Angoulême, neveu du Roi, avait été annoncée. Nommé Gouverneur de la province, le Duc arriva à Rennes dans le mois d'avril ou de mai 1814 et s'installa à l'évêché. On nous faisait donc sortir avec toutes les précautions possibles, mais un certain jeudi nous défilions à peine sur la chaussée qui conduit au quartier de l'artillerie, qu'une foule animée se pressait à la porte de l'arsenal annonçant que le Duc d'Angoulême accompagné du général Freire et d'une escorte de dragons était à deux pas. Notre curiosité était vivement excitée, et quelques-uns auraient bien crié : Vive l'Empereur ! le prince et sa suite furent tout à coup au milieu de nous. Le cortége allait franchir la porte de l'arsenal quand le Duc d'Angoulême s'étant informé combien d'années de service avait un maréchal-de-logis qui se trouvait près du général, retira de dessus sa poitrine une fleur de lys attachée à un ruban blanc et chargea le général de la donner au maréchal-des-logis. Celui-ci la prenant d'une main et la passant dans l'autre, s'arrêta tout court devant le panier de fruits d'une revendeuse : — Combien de pommes pour cela... et pressés par nos maîtres d'étude qui nous poussaient devant eux, nous dûmes reprendre le pas sans avoir fait écho avec quelques jeunes gens fort élégants qui criaient à tue-tête : Vive le Roi ! Vive le Roi !

Mais au fond la paix était signée et chacun dans sa famille dut rentrer en lui-même pour savoir ce qu'il allait faire. Mes études étaient loin d'être terminées, j'avais renoncé à l'école navale pour songer à l'école polytechnique, et cette année même de 1814, il n'y eut pas d'examens.

Pour reprendre l'année suivante il eût fallu rentrer au lycée et suivre les spéciales de nouveau. — Il se trouva dix raisons pour une qui firent opposition à un pareil projet, et je restai bel et bien chez mon père alors procureur du Roi non encore *dégommé* près le tribunal civil de Quimper. Jeune, plein de vie, n'aimant pas le travail outre mesure, avide de tout voir et de tout connaître, commençant à soulever le voile mystérieux d'un monde nouveau qui s'ouvrait devant moi, mon père et ma famille furent obligés de renoncer pour moi à tous les projets qui s'étaient un peu colorés des teintes de l'Empire... Au moins remets-toi à l'étude et travaille me disait mon père : et de fait sans me poser comme un écolier rebelle, je fis un peu de mathématique avec un parent de ma mère, juge au même tribunal que mon père et qui avait un cabinet de physique très-bien monté ; des thêmes et des versions, on voulut m'en faire faire aussi, et on me livra pour cela à un ancien vicaire du curé de Locronan, M. Sauveur, qui se trouvait dans le moment attaché à la cathédrale de Quimper. — Ici les progrès furent peu marqués et quoique mon honorable précepteur fût destiné à devenir un jour protonotaire de l'évêché de Cornouaille et vicaire général, je lui fis assez d'espiégleries pour qu'il se désintéressât promptement au sujet de son élève.

Toutefois je trouvai dans ma famille même un autre professeur qui sut m'inspirer plus de confiance et un amour plus marqué pour l'étude.

C'était une jeune et charmante cousine à ma mère, femme d'un lieutenant de vaisseau qui était l'homme le plus aimable du monde et le parent le plus dévoué qu'on pût avoir. Accueilli par l'un et par l'autre, je trouvai dans leur commerce plein de bonté pour moi, une affectueuse intimité qui décida de mes goûts et servit puissamment à les fixer.

Mme Joséphine de Kergos, jeune épouse du parent de ma
mère, avec une éducation très-cultivée qu'elle devait à ses
parents, avait rencontré dans sa famille, ces aimables relations qui constituent dans la petite ville, la société élégante
et distinguée en possession de donner le ton à tout ce qui
l'entoure. Les soirées de jeu, les bals, les parties de campagne formaient comme l'élément principal d'une existence
un peu désœuvrée à laquelle se laissaient aller avec d'autant
plus de facilité les fonctionnaires de l'époque qui, faisant
partie d'un régime nouveau, sortaient tous d'une crise
où beaucoup d'entre eux avaient joué leur tête ou leur
fortune. Insouciant comme on l'est à dix-sept ans, je
me laissai aller sans peine à ces aimables entraîne-
ments où ma jeune cousine, sans que je m'en aperçusse
en quelque sorte, me trouva un emploi et des occupations
auxquelles son esprit élevé donna une direction que je
n'eus garde de discuter ou de contredire. J'avais tout à
apprendre, et, après quelques courtes leçons de l'innocent jeu
des dames, elle surexcita mon ambition jusqu'à me faire
aborder les échecs qu'elle me disait ne pouvoir être ignorés
d'un homme bien élevé. — De ce moment là, nous eumes
de très-longues heures à passer ensemble, et pour achever
de me convaincre dans les projets qu'elle formait pour moi,
elle me cita plusieurs fois un adage de son parent Laennec
le père du célèbre docteur qui avait toujours dit à son fils,
grand-prix de l'université, qu'il y avait dans le monde deux
choses qu'un jeune homme bien élevé ne pouvait ignorer :
jouer aux cartes et faire une *omelette !* — Ma chère cousine ne m'apprit jamais à faire d'omelette, elle m'apprit à
peine le jeu de dames et très-peu celui des échecs..... Mais
là ne se borna pas son enseignement : elle aimait beaucoup
les livres, les beaux vers et même certaines poésies légères
qui avaient à cette époque un cours marqué dans cette
partie de la société qui essayait de se reprendre aux belles
manières, après la Révolution. — Avec Racine, Corneille et

2.

Molière qui formaient ainsi que Bossuet et La Bruyère le fond de presque toutes les bibliothèques qui existaient dans les familles bourgeoises avant la Révolution et l'avalanche toujours croissante des journaux quotidiens, ma cousine, femme d'une piété exemplaire, n'avait guères sous la main qu'un bel exemplaire du cours de La Harpe avec dos aux armes et à l'aigle de l'empire. — Ce livre très-couru à l'époque, plus ou moins critiqué depuis, fut comme le point de départ de nos jugements et de nos études sur les chefs-d'œuvre de la littérature française qui devinrent peu à peu l'objet de nos entretiens journaliers. — Ceux-ci se prolongeaient parfois outre mesure et son mari toujours bon pour elle comme pour moi, nous avisait qu'il était temps de finir; nous reprenions le lendemain les mêmes occupations à moins qu'un bal, une soirée, ou une partie de campagne, nous eût arrachés à l'ordre courant de ces aimables occupations. Heureux temps ; où l'on dansait douze ou quinze jours de suite sans se fatiguer, sauf à prendre les cendres au premier mercredi du carême.

Ceci se passait donc à la suite de la chute de l'empire, dans le court espace qui s'écoula d'avril 1814 au 20 mars 1815, où notre pauvre pays vit encore une fois toutes choses changer de face en un moment. — Je venais d'atteindre mes 18 ans et en entendant les premières nouvelles du retour de l'empereur je retrouvai dans un coin de ma petite chambre la cocarde tricolore qu'en sortant du lycée j'avais détachée de mon tricorne pour la mettre en lieu sûr. — Il y eut alors dans le Finistère comme ailleurs un vif élan de patriotisme qui, par la levée, le mouvement des troupes, l'organisation des volontaires et des fédérés ne pouvait manquer d'avoir une action très-vive sur les jeunes hommes de mon âge. Je voulais partir, m'engager ou me mêler de quelque manière que ce fût à ce qui allait se passer. — Mon père sentant que j'allais lui échapper fit des démarches près de son ancien ami, M. Defermon, et de même qu'il avait obtenu pour moi par son entremise une demi-bourse pour le lycée de Rennes, il parvint à obtenir cette fois mon inscription sur les contrôles de la marine comme élève commissaire attaché au port de Brest. Mon père n'eut pas de peine à me faire comprendre que ce serait là entrer en pied dans le mouvement du jour et je dus me résigner à rester tranquille près de lui pendant qu'on aviserait à l'accomplissement des formalités exigées en pareille circonstance. — Je reconnus aussi que la chose était fort belle et que si j'avais perdu l'école navale pour prétendre à l'école polytechnique, je me trouverais de tous points parfaitement dédommagé par un brevet d'élève commissaire qui ouvrait devant moi une fort belle carrière, très-désirée et honorée de tous... Mais hélas ! au moment même où mon excellente mère se donnait tous les soins possibles pour m'assurer à Brest une installation convenable, les plus sinistres présages planaient déjà sur nos têtes et trois jours s'écoulèrent sans nouvelles et sans courriers de Paris, pouvant nous dire ce que l'armée et l'empereur étaient devenus après l'heureuse journée de Fleurus.... enfin mon père, qui, comme procureur impérial, courait à toute heure chez le Préfet, M. de Chazal, nous apporta la triste nouvelle de la bataille de Waterloo !... On cria plus que jamais *Vive l'Empereur !* Dans les rues et les carrefours ; un petit garde de pêche de Douarnenez, commandé par un de nos amis, M. Querret, de Morlaix, continua à promener pendant quinze jours les couleurs nationales sur la rade de ce port, mais les lys et le drapeau blanc reparurent à bref délai, et chacun eut à se soumettre de bonne ou de mauvaise grâce. — Pour moi il ne fut plus question ni de Brest, ni de marine, et mon père, qui conservait pour le moment la direction du parquet, près le tribunal de Quimper, ne laissa pas de craindre qu'on lui enlevât les fonctions dont il était chargé. Cette exécution en effet ne se fit pas attendre, et il est assez curieux de dire après que nous avons passé par tant de changements et d'épurations, comment celle-ci se fit. — Un président des assises, membre de la Cour royale de Rennes, M. Loz de Beaucourt arriva pour diriger la session qui allait s'ouvrir. La ville n'était point encore pourvue d'un hôtel destiné à recevoir le président des assises et celui-ci avait pris un appartement chez M. le Bastard de Mesmeur, membre du tribunal de Quimper, ainsi que mon père. — L'échange naturel des pièces de procédure entre le Président et le procureur du Roi, car il avait repris ce titre officiel, emmena plusieurs fois mon père à écrire à M. Loz de Beaucourt, chez M. Le Bastard, rue de l'*Égalité* ! mon père qui n'était pas de Quimper et qui ne savait pas que cette rue s'était appelée rue des *Gentils-Hommes*, avant la Révolution, laissa maladroitement échapper ce titre impertinent de rue de l'*Égalité* que le vieux gentilhomme, président des assises, retint comme un affront personnel qui lui aurait été fait : mais ce ne fut pas le seul grief à reprocher à mon père. Le président rendant une visite au procureur du Roi, avait remarqué dans le salon de ma famille le portrait d'un jeune officier supérieur de la marine, frère de ma mère, et portant l'épaulette à gros grain, le frac bleu de Roi et le collet rouge... Pour M. de Beaucourt ce ne pouvait être que le portrait de l'empereur et cela ajouté à la suscription de la rue de l'*Égalité* offrit au zélé magistrat, le thème tout trouvé d'un rapport en due forme pour justifier la nécessité de remplacer au plus vite un magistrat aussi mal pensant. — Ce qui ne tarda pas à être fait. A deux ou trois années de là, toutefois, le conseil général du département, frappé d'une telle énormité demanda et obtint la réintégration de mon père dans le tribunal de Quimper comme simple juge aux appointements modestes de 1,200 francs.

Encore très-jeune mes premiers pas dans le monde se trouvèrent donc complètement interrompus, et, en même

temps que mon père descendait de son siége de procureur
impérial, il ne fut plus question pour moi d'aucune des
carrières auxquelles j'avais été un instant destiné.

Magistrat, mon père songea d'abord à me faire faire
mon droit ; mais Rennes et son école étaient à tout instant
troublés par les souvenirs du passé ; les émeutes se répétaient, et à chaque fois quelques élèves des écoles s'y trouvaient compromis. Commandé par ces circonstances, mon
père me fit entrer un moment dans l'étude d'un notaire de
ses amis ; on me fit copier et gratter quelques expéditions.
Mais ce stage fut de courte durée et je n'en ai retenu que
la visite d'un vieux praticien, qui, après avoir conféré avec
le maître dans son cabinet, vint à moi, et me trouvant sans
doute l'œil assez éveillé, me remit une plume en me priant
de la lui tailler. — Ce que je fis de la meilleure grâce du
monde. — Mon ami, me dit-il, en se retirant, toute peine
mérite salaire ; et il me gratifia d'une pièce de deux sols sur
mon garde de mains. — Je la repoussai naturellement : —
vous avez tort jeune homme et si vous appartenez jamais à la
bazoche vous reviendrez de cette manière de faire... Toutefois la leçon ne me séduisit pas, et à quelques mois de là
j'entrai dans le bureau du receveur principal des douanes
de Quimper, avec le titre de surnuméraire. — J'eus lieu de
me féliciter grandement de cette position nouvelle, car si
modeste qu'elle fût, j'étais tombé entre les mains d'un
homme délicat, lettré et bien élevé, qui me rendit cette ap-
prentissage aussi agréable que possible.

Les amitiés et les relations que j'avais établies sous l'aile
de ma famille continuèrent à avoir leur cours. Je trouvai
bon accueil partout. Ma cousine, Mme de Kergos, restait
mon guide et mon conseil plus que jamais. Elle acquérait
des années, qui, sans affaiblir l'amitié qu'elle me portait,
l'environnaient comme d'une autorité nouvelle écoutée avec
le plus grand respect. Nous continuions à échanger des
livres, à lire et à apprendre des vers. Elle me fit cadeau

d'une Bible in-folio de de Sacy et elle tint à me donner son exemplaire de La Harpe avec ses aigles impériales sur la couverture. Ces livres ont été le point de départ de ma bibliothèque aujourd'hui composée de plusieurs milliers de volumes. Ils en ont toujours été le plus précieux ornement.

Mes deux années de surnumérariat venaient de se clore et je fus, au commencement de 1820, envoyé comme aide-vérificateur à Douarnenez où je trouvais plusieurs membres de ma famille qui m'aidèrent à supporter sans trop de peine, les charges de la position qui me fut donnée. — Mes appointements de l'année s'élevaient à la modeste somme de 800 fr. ; et, pour cet humble salaire, je devais en moyenne à l'État huit heures de bureau et des notes et des inscriptions sur les carnets et les registres que les règlements me mettaient entre les mains.

Cela n'était pas très-amusant peut-être : mais j'avais 800 fr. : et en y ajoutant quelques menues monnaies que je recevais de mon père, je trouvai le moyen d'acheter des livres et de faire de la peinture dont le goût m'était venu en sortant du collége. Le hasard ici me servit encore à merveille et je rencontrai sur les lieux, dans une campagne voisine de la ville, un homme fort aimable, M. du Fretay, ancien page du duc d'Orléans, qui avait cultivé avec avantage l'art de la peinture dans l'atelier de Lawrence pendant les années qu'il avait passées en Angleterre au moment de l'émigration. Il fut assez bon pour me prodiguer ses soins et ses conseils.

Mais une autre distraction m'était offerte et se disputait les rares loisirs dont je disposais. Une chambre de lecture. pourvue de journaux et de revues, avait le privilége de réunir, tous les deux jours, à l'arrivée du courrier de Paris, les fortes têtes de l'endroit. Après la lecture des nouvelles les plus importantes, faite quelquefois en commun, les commentaires allaient leur train sur les ministres, sur les Chambres et la marche des événements qui se trouvaient être jugés ordinairement de la manière la plus sévère. Le général Foy, Benjamin Constant, Dupont de l'Eure, Manuel, un instant, étaient nos hommes, et si je prêtais volontiers l'oreille aux orateurs accrédités de notre petit cénacle, je me laissais aller aussi comme beaucoup d'autres, à des propositions plus ou moins insolites qui prolongeaient les conversations comme on l'eût fait dans un club dont la couleur libérale et très-émancipatrice se caractérisait de plus en plus. — Après Foy, Benjamin Constant et l'abbé Pompière, nous avions aussi deux élus de notre département, Guilhem et Kératry, auxquels toutes mes sympathies étaient acquises sans conteste. On annonça un jour, la session des Chambres venant d'être close, que les deux députés de Brest et de Quimper arriveraient dans cette dernière ville à un jour dit. Les comités de l'époque, comme le font ceux de nos jours, s'agitèrent et préparèrent un grand banquet où l'opposition faite à la Restauration devait être vivement acclamée. — Je ne pouvais laisser passer une si belle occasion de voir les deux sauveurs de la patrie, et avec ou sans permission de mes chefs, je quittai résolument mon poste pour venir à Quimper m'asseoir en très-bonne compagnie à la table des deux honorables que nous voulions élever sur le pavois. Mon rôle et ma présence y étaient d'ailleurs en quelque sorte marqués, par suite de la liaison intime de ma famille et de mon père avec M. Kératry, qui ne devait reprendre que plus tard la particule de son nom. On banqueta donc, on porta force toasts, et mes jeunes camarades, sans songer plus que moi, à ma position d'employé du gouvernement, m'engagèrent à adresser aussi quelques paroles de bienvenue à nos représentants... Que pus-je leur dire ? — Je ne m'en rappelle plus, mais j'ai bon souvenir d'un de mes aimables camarades, fils du receveur général nouvellement *dégommé* qui, se rappelant qu'il avait traîné le sabre à son court passage aux gardes d'honneur, se leva immédiatement après moi et but *à la santé des braves morts*

à l'armée de la Loire ! !! Le fou rire fut un instant complet
et, personne n'ayant rien à ajouter, on se sépara riant du
toast de notre brave compagnon buvant *à la santé des
morts*? Les plus jeunes de la compagnie se disposèrent à
former pour le lendemain matin une escorte à cheval afin
d'accompagner nos deux députés jusqu'à Châteaulin où ils
devaient s'arrêter en se rendant à Brest... C'était à merveille, très-gentil et même très-amusant, mais je comptai
bientôt quatre jours d'absence de mon poste et si l'indul-
gence de mes chefs m'était bien connue, j'appris sans tarder
que ma présence à la manifestation politique qui venait
d'avoir lieu, n'était pas restée inaperçue. Aujourd'hui, sous
la République, en pleine liberté, au moins de droit, l'imprudent employé du gouvernemeut qui se mettrait dans la position où je m'étais placé, n'en serait pas quitte à si bon
marché que je le fus... Une dépêche télégraphique du ministre des finances, M. Roy, donna l'ordre de me faire partir
immédiatement pour le département des Ardennes où on
m'assigna un poste pareil à celui que j'occupais à Douarnenez avec les mêmes appointements de 800 fr.

Ma famille en fut tout troublée, comme on le pense bien.
Mais de l'avis des plus sages, je me mis en route pour le poste
qui me fut assigné, à Signy-le-Petit, gros village des Ardennes
où on envoyait, à ce qu'il paraît, les employés en disgrâce,
témoin un frère du célèbre médecin Corvisart qui y croupis-
sait depuis plus d'un an quand j'arrivai pour le remplacer.

Toutefois, j'avais l'ordre de me présenter en passant à
Paris à l'administration centrale des douanes pour y faire
viser ma nouvelle commission. — Je fus donc introduit au
bureau d'un certain M. Tarbé, alors directeur du personnel
aux douanes.

— « Ah ! c'est vous, Monsieur, qui donnez des dîners aux
« députés de l'opposition. C'est bien... »

Et me laissant debout devant lui pendant plusieurs minutes tout en lisant son *Moniteur,....*

— « ..... Eh bien, Monsieur, allez leur demander des
« places, » me dit-il, en reprenant sa lecture après m'avoir
toisé une troisième fois..... La scène n'était ni aimable, ni
encourageante, mais elle devait cependant avoir une fin ;
et il me demanda : *Si j'avais des protections !..,*

On peut se figurer l'ahurissement où je me trouvai à cette
dernière interpellation..... — Non, Monsieur, répondis-je,
mais je tâcherai d'en avoir demain. Et je me retirai
pour aller compter mes peines à un ami de mon père,
ancien secrétaire général de la préfecture du Finistère. —
Allons, allons, me dit celui-ci : ce n'est que cela. Venez demain matin me prendre à onze heures et nous irons voir
M. Abrial qui était le dernier préfet du Finistère sous l'Empire. Ce brave homme, fils d'un ancien ministre de la justice, demeurait dans un joli hôtel placé sur le boulevard des
Invalides. Il avait été plein de bonté pour mon père tout le
temps de son séjour à Quimper. Par un heureux hasard, il
était, dans le moment, le collègue de M. Tarbé à je ne sais
quelle compagnie d'assurances dont ils étaient tous deux
administrateurs. Il me remit donc une lettre pour le directeur du personnel et me désigna le jour où je devrais la lui
présenter. Naturellement je suivis ses instructions de point
en point, et je ne fus pas peu étonné, en me retrouvant en
présence du redoutable directeur, de le voir tout adouci,
m'invitant à prendre un siège et m'autorisant à lui écrire
dans cinq ou six mois, après que j'aurais rejoint le poste
qui m'était assigné. Je n'y manquai pas et je lui dus d'obtenir plusieurs changements de résidence dans la direction
de Charleville et dans celle de Nantes allant de 800 fr. à
900, puis à 1,000, quand une occasion inespérée me conduisit à penser que je pourrais rentrer dans le Finistère en ob-
tenant la petit recette de Pont-Labbé. Mais, pour cela, il y
avait un grand obstacle à franchir. Mon nom était resté
frappé d'ostracisme à la préfecture du Finistère depuis le
fameux banquet donné en 1820 aux députés de l'opposition.

Mon parent, M. de Kergos, et mon aimable cousine se trouvèrent là pour tout aplanir. Le lieutenant de vaisseau
avait pris sa retraite et était devenu conseiller de préfecture très-dévoué au régime de la Restauration. Il ne lui fut
pas difficile de vaincre l'hésitation du préfet, M. de Castel-
lane : et mon cousin, répondant de moi et de toute la sa-
gesse dont il me disait pourvu, je fus nommé à la recette de
Pont-Labbé qui, bon an, mal an, me valut 1,000 à 1,100 fr.
— Subordonné du receveur principal de Quimper dont
j'avais été le surnuméraire, je devenais de fait mon chef
propre, pouvant disposer de mes heures et de mon temps.
— Cet état me parut nouveau et satisfaisant de tous points
pour un homme qui n'avait encore que vingt-six ans, avec
bon pied, bon œil et de la santé à dose suffisante. Qu'allai-je
faire et qu'allai-je devenir ? — Peindre, dessiner, lire et
bouquiner avec les quelques livres que j'avais achetés,
chemin faisant, me parurent le comble de mes espérances,
et bientôt pourvu d'un joli appartement bien aéré, composé
de deux pièces, d'une cuisine et d'un bureau, ayant un chien
et un fusil pour la chasse, je n'aurais trop su dire ce qui
pouvait me manquer. Je me fis donc dresser des tablettes où
mes livres vinrent se ranger en m'offrant une vue d'ensemble que je n'avais pu obtenir jusque-là, obligé que j'avais
toujours été de les refouler dans mes malles poussées
d'un coin à l'autre. Quelques gravures, quelques dessins
des croquis formèrent, avec mes livres, mon mobilier,
d'artiste. — J'avais d'un autre côté pas mal de projets qui
me roulaient dans la tête depuis que je roulais moi-même
sur les routes courant d'un poste à l'autre ; mais si j'avais
rêvé tour à tour du théâtre, du roman et de l'histoire, je
n'aurais su dire ce qui avait pu saisir plus ou moins vivement mon attention. — Sans savoir à quoi m'arrêter, je
puisai un peu partout : Je pris les œuvres de Bonnet, de
Genève, et d'autres livres d'histoire naturelle chez le docteur Dubosc, ami de ma famille ; et allant le dimanche voir

mes parents à Quimper, je déjeunais presque toutes les se-
maines en tête-à-tête avec l'aimable docteur, qui avait été
un instant directeur de l'École centrale du Finistère. Le
docteur était Normand d'origine, savait beaucoup et s'était
trouvé mêlé aux événements et aux hommes de son temps
qui avaient figuré à la tête des affaires publiques. Un autre
homme, sorti des rangs de la marine qui avait vécu pendant
plusieurs années dans les bureaux du port d'Anvers, d'où il
était venu prendre une place de bibliothécaire à Quimper,
fut appelé à mettre en ordre les livres confisqués sur les cou-
vents et les émigrés, et devint comme le docteur Dubosc
une de mes ressources habituelles pour l'étude, la recherche des livres et la cueillette journalière des récits
et des traditions du passé auxquels je m'attachais d'autant plus fortement que le bureau des douanes me laissait de très-amples loisirs. Un des livres qui m'attacha
très-vivement dans le moment fut le voyage d'Anquetil
Duperron, dans l'Inde et ses curieuses recherches sur le
Zend-Avesta. J'eus de ces lectures comme un pressentiment
de tout ce qui a été découvert plus tard par la Société de
Calcutta et j'aperçus à travers les images colorées de l'O-
rient tout ce que M. Moll et les traducteurs du Mahabaratta
et du Ramayama en ont pu dire depuis. — La curiosité et le
désir de savoir s'emparèrent de moi sans me laisser de re-
lâche, je m'enfonçais surtout dans l'étude des religions an-
ciennes. En passant, je m'accrochai même au livre de Du-
puis sur l'origine de tous les cultes, aux premiers aperçus de Court de Gebelin, sur ces matières, et aussi aux
pages mouvementées de Volney. Enfin je poussai jusqu'au
grand ouvrage des savants de la commission d'Égypte, et
retiré dans mon coin, puisant à toutes mains partout où
il m'était donné d'arriver, j'eus bientôt un cadre, un plan
arrêté et des divisions de travail qui me conduisirent à faire
un livre auquel il n'a manqué que de voir le jour. Tout épris
de mon œuvre, j'aurais assez volontiers cédé à la tentation

d'en faire sortir au moins quelques fragments de mes cartons; mais il y avait à un tel projet un obstacle insurmontable. La finance me manquait complètement; je n'avais aucune relation qui pût me donner accès à quelque revue ou journal qui eût pu accepter les essais d'un débutant; puis un fait inattendu se produisit et m'arrêta tout court. Les journaux annoncèrent que Benjamin Constant venait de publier un livre sur l'*origine et le développement des religions.* — Je ne dormis pas que je ne l'eusse fait venir; et, tout en éprouvant la satisfaction de reconnaître que l'éminent écrivain avait suivi dans son travail presque toutes les divisions essentielles que j'avais adoptées moi-même, je n'eus rien de mieux à faire que de rentrer dans ma coquille, comme on dit vulgairement; et si mes enfants ou mes petits-neveux s'amusent quelque jour à ouvrir ces manuscrits, fruits de mes premières études, ils verront en les lisant, comme en lisant l'ouvrage de Benjamin Constant, timbré d'un nom illustre, que le sujet en lui-même était assez mal choisi et n'apprenait que peu de chose, sur une matière où le tour d'esprit de chacun reste souverain juge des croyances comme des traditions qu'il s'agit moins de discuter que d'apprécier au point de vue pratique et comme élément essentiel du développement de l'humanité et des Sociétés politiques.

Le livre de Benjamin Constant eut peu de succès, et on pourrait assez justement penser, je crois, que ses relations de tous les jours avec Châteaubriand, dans le salon de Mme Récamier, furent la cause première de sa conception; mais si le *Génie du christianisme*, livre tout de sentiment, éclata comme une étoile tombée du ciel à la suite des journées sanglantes et affolées de la Révolution, l'*Histoire des religions*, paraissant à une époque de rénovation politique où tout le monde s'essayait au gouvernement représentatif, ne pouvait être qu'une espèce de hors-d'œuvre qui devait à peine intéresser quelques oisifs. Benjamin Constant dut le sentir plus que tout autre, et ce qui le prouve ce sont ses luttes de tribune chaque jour plus animées.

J'étais encore bien jeune et surtout bien éloigné du théâtre habituel des grands événements ; mais je n'eus pas de peine à voir que je m'étais engagé dans une route bien détournée, — quelques ouvrages d'économie politique, plus appropriés à l'administration même à laquelle j'étais attaché, me ramenèrent sans peine à des études dont l'objet était beaucoup plus pratique. Le développement du commerce, le mouvement rapide et curieux de la production naturelle ou manufacturée, les progrès de la science qui recevaient chaque jour des applications nouvelles devinrent pour moi l'occa sion de recherches et d'appréciations répétées qui me con duisirent à mettre en regard les faits les plus saillants de la production et du commerce de la France et de l'Angleterre, les deux États du monde, qui, après la lutte prolongée de la Révolution, me paraissaient le mieux en position de do miner le cours ordinaire de la civilisation.

Je me trouvai ainsi appliqué, presqu'à mon insu, à une œuvre concrète et déterminé qui me conduisit à la publica tion des premières pages qu'il m'a été donné de livrer au public.

Aujourd'hui le corps de l'ouvrage pourrait paraître conçu dans des proportions réduites ; mais son titre assez ambi tieux lui-même : *Du commerce et de l'administration ; coup d'œil sur le nouveau système commercial de l'Angle terre* ne manqua pas d'être justifié aux yeux des hommes les plus compétents. Ce qui le prouve c'est qu'un exemplaire de ma brochure étant tombé aux mains du comte de Saint-Criq, alors président du bureau de Commerce, cet adminis trateur distingué s'empressa d'en référer à l'un des députés de mon département, et de lui demander qui j'étais en ajou tant que s'il pouvait déterminer l'auteur de l'écrit en ques tion à *accepter une place dans ses bureaux, ce serait lui rendre service.*

Mes enfants trouveront dans les archives de Kernuz, la lettre de M. de Saint-Criq et celle de l'honorable M. du Marhallach, député du Finistère, relatives à cette affaire. Je n'ai rien à ajouter à ce qu'elles disent, si ce n'est que cet appel d'un Ministre à un très-obscur employé d'un des postes les plus obscurs de la douane, causa une émotion de curiosité et d'étonnement dont les petites villes ont seules la mesure et le secret. Un plaisant alla, dans le temps, jusqu'à dire que ce fut comme un coup de canon qu'on eût tiré sur la place publique de Quimper.

Ainsi qu'on le pense bien, je n'eus garde de décliner l'appel qui m'était fait, et je dus tout disposer pour me transporter de Pont-Labbé à Paris, afin d'y prendre possession d'un poste de commis principal, aux appointements de 2,400 francs qui m'étaient offerts. Mais Pont-Labbé ne pouvait être ainsi abandonné par moi sans coup férir. Quinze ou dix-huit mois de séjour que j'y comptais, m'avaient permis d'y établir des relations d'amitié qui devaient avoir sur ma vie entière une influence encore plus grande que celle qui pouvait résulter de mon entrée dans les bureaux du futur ministère du Commerce.

Mes enfants pour lesquels je résume ici les souvenirs des longues années que Dieu m'a donné de compter, ne seront peut-être pas fâchés de retrouver dans les lignes qui suivent les circonstances dans lesquelles je fis la connaissance de leur mère.

A Pont-Labbé. comme receveur des douanes, j'eus des relations naturelles avec M. Huard, principal négociant de la localité. M. Huard retiré très-jeune du service militaire avec le grade de capitaine, avait contracté des liaisons de société avec les familles les plus honorables du pays, et sa fortune comme ses goûts lui avaient valu la lieutenance de louveterie de l'arrondissement. Mon père et plusieurs de mes parents, chasseurs émérites, avaient établi avec M. Huard des relations répétées qui me permirent de multiplier mes visites près de sa famille, tant à Pont-Labbé qu'à Lacoudraie, très-joli château qu'il venait de bâtir. Dans mes visites à la campagne, je trouvai outre M. et Mme Huard deux jeunes filles dont la dernière avait à peine 17 ans. Celle-ci depuis quelque temps fixait toute mon attention, et, sans savoir encore si mes assiduités seraient remarquées, il m'arriva un jour, après avoir passé une couple d'heures au château, de le quitter quelque peu préoccupé, me retirant lentement tout au souvenir des conversations qui venaient d'avoir lieu : j'étais rendu aux deux tiers de la longue avenue qui s'allongeait devant la grille du château, quand je m'entendis appeler avec précipitation et à plusieurs reprises..... M. du Châtellier ! M. du Châtellier... vous avez oublié votre parapluie !... et courant à moi, tout essouflée, Mlle Alexandrine la plus jeune des filles de M. Huard me remit en mains, avec un empressement plein de naïveté et de bonne humeur, le précieux meuble que j'avais laissé derrière moi. Sur ces préliminaires et cette donnée, mes espérances avaient pris une consistance marquée annonçant une prochaine solution , quand l'appel de M. de Saint-Criq transmis par l'honorable M. du Marhallach nous arriva... Que faire ? Une simple conférence entre mon père et M. Huard l'eut bientôt décidé. Il fut arrêté que je partirais pour Paris immédiatement et que j'en reviendrais dans trois mois pour épouser Mlle Huard.

Ainsi fut fait; et, à partir du 28 octobre 1828, une nouvelle existence s'ouvrit devant moi; et la femme d'élite qui devait être mère aussi dévouée qu'intelligente, vint partager l'existence que Paris allait m'offrir (1).

(1) En mentionnant ici mon départ de Pont-l'Abbé, je crois ne devoir pas omettre de dire que j'y avais ouvert un cours gratuit de dessin, qui fut pour moi l'occasion d'amitiés et de relations fort aimables. Plus de vingt élèves suivirent mon cours, et je comptai parmi des ouvriers très-intelligents les jeunes gens les plus distingués de la localité. — Des

Ma femme était bien jeune, elle avait à peine 18 ans, et les premiers mois de notre séjour dans la capitale, durent être naturellement consacrés à lui faire connaître tout ce qui pouvait mériter de fixer son attention.

Mais devenu chef de famille et classé par mon appel au bureau de commerce dans une position toute de faveur, il fut naturel que mes pensées se fixassent exclusivement sur les occupations qui me furent déférées dans le bureau où j'entrai. — Elles consistaient dans quelques études sur les documents qui nous arrivaient de l'Angleterre et des consulats que nous avions à l'étranger. Par suite, mon chef de division nommé Isoire, me remettait avec ses commentaires des lettres auxquelles je devais répondre en me conformant exactement à la pensée qu'il m'avait donnée. — Mes soins pour faire le mieux qu'il me fut possible furent très - grands ; mais j'échouai complètement à ce qu'il paraît dans cette besogne purement épistolaire, et pendant plus de trois mois passés à m'essayer dans ce genre d'occupation, je ne parvins pas à faire accepter une seule des minutes que j'avais été chargé de préparer. Pour un commis principal, appelé sur le vu d'une publication qui avait un instant fixé l'attention du Ministre, c'était jouer de malheur..... mais que faire : comme mes camarades je me mis à lire des journaux, à tailler quelques plumes et à deviser sur les nouvelles du jour qui nous arrivaient chaque matin en passant par la bouche de douze à quinze jeunes hommes comme moi, qui n'étaient pas beaucoup plus occupées que je ne l'étais et qui après être arrivés entre 11 heures et midi, s'échappaient du bureau vers les 3 heures ou plutôt. Cette vie d'oisiveté méthodique timbrée d'un titre d'employé, ne tarda pas à me paraître importune et fort au-

modèles, des plâtres et quelques ouvrages d'architecture, formant lo matériel de l'école, furent déposés par moi à la mairie au moment de mon départ.

dessous de ce que j'avais espéré ; je suivais cependant de
loin tout ce qui se faisait autour de moi, je voyais pas mal
de camarades jouissant des titres honorables de chefs et de
sous-chefs de bureau occupés à lire des journaux allemands,
italiens ou anglais ; ils en coupaient, avec de longs ciseaux,
des fragments plus ou moins étendus pour les jeter ensuite
dans des cartons où un autre camarade, pourvu du titre de
commis-d'ordre, les reprenait pour les inscrire sur un registre spécial, qu'il tenait à la disposition de tous ceux qui
avaient à le consulter. Cette espèce de travail à la *Pénélope*,
me paraissait quelque peu automatique et de nature à donner d'assez médiocres résultats. — Je voulus voir de plus
près ce qu'il en pouvait être et reprenant un à un la série
des cartons affectés aux renseignements relatifs à chaque
département, j'ouvris celui consacré au Finistère..... j'y
trouvai quoi ? la liste des membres de la Société d'agriculture de Quimper avec les noms des membres de son bureau,
et le dernier règlement voté en assemblée générale : pas
autre chose. Les quatre-vingts-six départements étaient
aussi dépourvus de renseignements ; et, sur les pays étrangers, je ne trouvai que quelques indications géographiques
puisées à des sources peu authentiques ou dans des livres
connus.

Avec la disposition naturelle que j'avais déjà acquise de
pouvoir mesurer avec quelque sûreté l'étendue d'un sujet
qui me paraissait propre à fixer mon attention, je ne tardai
pas à reconnaître que peu de choses avaient encore été
faites pour constituer d'une manière sérieuse l'administration du bureau de Commerce que l'on essayait de fonder en
France à l'imitation de celui de l'Angleterre, auquel Huskis-
son et Canning avaient donné un lustre si remarquable. Je
fis de cette étude l'objet d'une note que je me hasardai à
adresser au président M. de Saint-Criq, auquel je devais la
distinction très-inattendue d'avoir été appelé dans ses bureaux. A deux jours de l'envoi de ma note, un huissier vint

3.

me prier de passer au cabinet du président. — En traversant son antichambre je vis un grand monsieur qui avait tiré ses souliers et se chauffait, ayant les pieds posés sur les chenets. Ma conférence avec M. de Saint-Criq dura quelque temps et dissertant sur les points principaux de ma notice, il me pria d'en reprendre quelques-uns pour en conférer avec M. Isoire, mon chef de division, qui m'appellerait à son tour près de lui... Comme je sortais, M. de Saint-Criq dit à l'huissier de service de prier M. Casimir Perrier de vouloir bien entrer, ce que celui-ci fit après avoir remis ses souliers. — Je note ce petit détail en passant, parce que dans une autre circonstance l'illustre homme d'état se retrouvera sous ma plume... Quant à ma note et à ma conversation avec le président, elles restèrent près de quinze jours sans que j'en entendisse parler. — Enfin un jour, au moment où j'allais prendre mon chapeau pour me retirer, un garçon de bureau vint me dire de passer au cabinet de M. le chef de division... M. Isoire, les mains derrière le dos se chauffant à un très-bon feu m'accueillit en disant : — J'ai là votre note, et j'en ai pris connaissance. Si vous aviez voulu vous adresser à moi, vous auriez évité de déranger inutilement M. le Président, et je vous aurais en peu de mots complétement renseigné sur ce qui se fait dans nos bureaux et que vous ne pouviez pas connaître dans le service auquel nous vous avons attaché. — Du reste nous voyons toujours avec plaisir les employés, qui parmi nous, s'efforcent de s'inspirer de la pensée qui fait l'honneur de l'administration à laquelle nous appartenons, et j'ai pour habitude de ne pas oublier ceux de mes collaborateurs qui se font remarquer par leur zèle et leur dévouement. — Continuez, Monsieur, à vous montrer assidu. Et là-dessus je fus congédié, emportant le sourire le plus gracieux du chef.

Cela toutefois ne s'était pas passé sans qu'on en eût causé chez les camarades des autres bureaux et pas mal de questions plus ou moins mesurées me furent adressées de part et d'autres, quand un nouvel avis vint me prier de passer dans le cabinet de M. X... (le nom m'échappe) chef de division comme M. Isoire, ayant comme lui 12,000 francs d'appointements, mais beaucoup moins occupé d'après ce que je savais.

Je n'avais jamais été en rapport avec ce monsieur, et je fus, dès le premier moment touché de son accueil bienveillant et plein de bonté. — J'ai su, me dit-il, que vous aviez fait remettre une note à M. de Saint-Criq et qu'il s'en était entretenu avec plusieurs personnes. Moi-même j'ai été consulté par lui mais un peu brièvement sur ce que vous dites des lacunes qui existent dans nos renseignements à l'égard de l'étranger, et sur le parti qu'on pourrait tirer de relations plus directes et plus suivies avec les consuls et les chefs de nos stations militaires.... Pour que cela eût abouti, il eût fallu prendre une autre voie... de tout ce que vous avez demandé il ne sera rien fait et vous pouvez regarder comme certain que votre note est déjà reléguée dans un carton d'où elle ne sortira pas...

En rentrant près de mes camarades je demandai naturellement quel était ce chef de division que je n'avais jamais vu et dont j'avais à peine entendu parler. — Il me fut appris qu'il était rentré en France avec M. le comte de Vaublanc dont il avait suivi longtemps la fortune, et que c'était celui-ci, quand il se trouva Ministre de l'Intérieur, qui lui avait procuré, à la création du bureau de Commerce, la sinécure dont il jouissait en tout bien et tout honneur, à la seule condition de ne rien faire et même de ne pas voir ce qui pouvait se passer...

Je compris de suite que j'allais moi-même devenir un petit *sinécuriste*, et qu'assez imprudent pour m'être permis de penser qu'on aurait pu faire autre chose que ce qui avait été fait jusque-là, je devais inévitablement être réduit au plus absolu silence. — Ces prévisions se confirmèrent chaque jour de plus en plus, et passant bientôt avec armes

et bagages au Ministère du *commerce*, qui fut créé vers 1829,
— j'y pris rang avec 600 francs de bienvenue qui portèrent
mon traitement de 2,400 à 3,000 francs. Mais l'œil de mon
chef de division restait toujours fixé sur ma personne, et je
vis le cours de mes loisirs s'augmenter de plus en plus sans
qu'on manquât jamais de me dire à chaque note ou à chaque
lettre qu'on me remettait à faire : — *Vous savez, rien ne
presse ; prenez votre temps !*...

Puisque l'occasion s'en présente, je citerai un autre trait
de mœurs administratives qui a été à la connaissance de
tous les anciens employés du Ministère du Commerce pendant la Restauration. Quand le gouvernement du temps hési-
tait encore entre la constitution définitive d'un bureau ou
d'un Ministère du Commerce, il arriva, vers 1829, après
le premier essai d'un Ministère du Commerce que l'idée
d'un bureau prévalut et qu'on le reconstitua sous la pré-
sidence de M. Beugnot. — Nos bureaux furent alors
transférés dans la rue Laffite. — Mais par suite de ce mouvement plusieurs emplois furent supprimés, entre autres
celui d'un expéditionnaire de nos amis, M. Ozène, qui depuis
a été lui-même un instant Ministre du Commerce et qui a
joui d'une très-haute estime dans l'administration comme
négociateur de tous les traités de commerce conclus depuis
1860. M. Ozène n'avait au moment dont nous parlons que
1,800 fr. de traitement. Sa mise à la réforme brisait toute
sa carrière et il mit naturellement tout en œuvre pour être
conservé dans les bureaux de M. Beugnot. Les relations de
sa famille avec un évêque de Coutances et surtout avec
M. d'Haussez, dans le moment Ministre de la Marine, inté-
ressèrent vivement celui-ci au sort du jeune expéditionnaire, et jour ayant été pris, M. Ozène montant dans la voiture du ministre, fut conduit par lui près de M. Beugnot.
On négocia pendant quelque temps et enfin M. Beugnot,
serré de près, céda aux instances du Ministre, mais à une
condition, c'est qu'on lui rendrait le surtout qui avait servi

pendant quelques mois à décorer la table de l'ancien
Ministre du Commerce, surtout qu'on avait depuis trans-
porté au Ministère de la Marine... Le marché fut conclu, et le
surtout fut rendu. M. Ozène reprit son modeste emploi, non
plus à 1,800 fr., comme par le passé, mais à 1,500 fr.,
M. Beugnot déclarant qu'il ne pouvait rien faire de plus,
forcé qu'il avait été de réduire les garçons de bureau de
1,000 fr. à 900 fr., et pourquoi? parce que M. Isoire, ancien
directeur du Ministère du Commerce supprimé avait exigé
ou fait en sorte que son traitement, qui n'était que de
12,000 fr., fût porté à 15,000 fr.

Au moment où j'écris ces lignes, je pourrais compter
quatre ou cinq gouvernements nouveaux qui se sont tous
annoncés pour devoir réformer beaucoup d'abus. Chacun
peut dire s'il à fait mieux.

C'est dans ces circonstances et comme invité à la chose
que je pris un goût très-vif à tout ce qui touchait à la politique et à la littérature; plusieurs faits m'y entraînèrent irré-
sistiblement. Accueilli dans la famille de M. de Kératry qui
continuait à faire partie de l'opposition au gouvernement de la
restauration, quoique gentilhomme de vieille souche, je
rencontrai tous les dimanches chez lui, de midi à quatre
heures beaucoup d'hommes distingués et parmi eux, les
députés Guilhem, l'abbé de Pompières, du Chaffaut, de la
Vendée, Dupont de l'Eure, quelquefois Benjamin Constant,
le polémiste Alexis Dumesnil que des brochures très-vives
et un volume sur le gouvernement de la Restauration avaient
rangé au nombre des ennemis les plus résolus de la dynastie
des Bourbons. Quoique fort jeune vis-à-vis de ces hommes,
je me hasardai peu à peu à me mêler à la conversation et
aux discussions qui s'ouvraient ainsi une fois la semaine,
sur les événements du jour et même sur les projets de loi
présentés aux Chambres. Cette gymnastique intellectuelle
ouvrit devant moi comme des horizons nouveaux.

Toutefois les réunions de notre cher compatriote étaient

loin d'être exclusivement politiques; la littérature ainsi que l'histoire, par occasion, tenaient souvent un rang important. Je n'en donnerai d'autre preuve que l'intéressante après midi que nous procura un certain dimanche la venue de M. de Jussieu, du Jardin des Plantes. Ce monsieur arriva inopinément au milieu d'une réunion très-nombreuse avec une large boîte sous le bras, il la déposa avec mystère et précaution sur une console du salon de M. de Kératry, qui demeurait à ce moment à un 2ᵉ étage de la rue du Dragon. M. de Jussieu laissa un instant la conversation engagée suivre son cours, puis allant à sa boîte : « Messieurs, « nous dit-il, voilà les restes d'un des plus grands hommes que la France ait connus, » et tous les regards, tous les spectateurs de s'élancer vers la boîte mystérieuse au fond de laquelle nous aperçumes entre deux feuilles du papier blanc le plus pur, quelque chose de noir, d'un peu informe, d'altéré certainement mais promptement de très-appréciable... Ce n'était pas une momie avec ses bandelettes; mais un masque allongé, garni d'une moustache encore apparente si j'ai bon souvenir et de cheveux très-rares. La figure n'était pas entière; ce n'était guère qu'une demi-figure, un profil, comme une espèce de médaillon... Et de qui étaient ces restes, avec ces lignes accentuées, son nez aquilin fort mince, son front fort élevé, et un air de grandeur et de commandement que la mort n'avait point effacé... Ce n'était rien moins que la tête presqu'entière du plus grand ministre que la France ait eu, en un mot les restes de Richelieu retirés de son tombeau de la Sorbonne, par je ne sais quelles circonstances qui, au moment de cette exhibition, chez M. de Kératry, dans le courant de l'année 1828 ou 29, n'étaient ni bien connues ni ouvertement avouées.

Je me rappelle qu'un autre dimanche, une belle bible sur peaux de cerf dont l'une portait la trace d'une blessure faite par un dard de flèche, nous fut présentée par je ne sais quel bibliophile dont le nom m'a échappé. Ce curieux

manuscrit du format d'un petit in-4° était qualifié comme
une bible ayant appartenu à Charlemagne, elle était, dans
tous les cas, d'une très-belle conservation et figure probablement aujourd'hui dans quelque dépôt public.

Toutes ces réunions étaient vivement empreintes des idées
politiques des dernières années de la restauration; mais le
souffle littéraire qui s'y faisait sentir était avivé par cet
esprit d'innovation qui annonçait la venue prochaine et
imminente du romantisme vers lequel toute la jeunesse
pensante de l'époque allait se laisser entraîner. Je ne fus
pas plus rebelle que d'autres à cette influence.

Lord Byron, Lamartine, Hugo, avaient tourné bien des
têtes. Cependant quoique j'eusse été un instant lié dans ma
famille avec un jeune poète plein de brio, je ne m'étais
jamais essayé à la facture des rimes ni à l'alignement des
mesures habilement scandées; je n'échappai pas toutefois à l'idée d'avoir aussi mon poème et ma muse, si celle-ci
daignait venir à moi, et prenant mon vol de très-haut, je
m'élançai au delà des mers; mettant au monde un volume sous le titre d'*Esquisses sur l'Amérique du Sud*. En
reprenant aujourd'hui ce volume, daté de 1828 et dont je
dessinai moi-même la couverture, je retrouve, précédant
mes strophes, une lettre de Victor Hugo où je relis le
paragraphe suivant :

« Je suis dans les préparatifs d'un déménagement et ce
« mot vous dit tout. — Croyez, monsieur, que j'ai lu avec
« un vif intérêt cet ouvrage, dont le sujet a éveillé en moi
« une vive sympathie que votre talent d'ailleurs suffirait seul
« pour exciter.

« Votre bien affectionné,

« Victor Hugo. »

Que de lettres le grand poète a jetées dans le même moule
depuis cette époque. — Celle-ci, toutefois, fut le point de

départ de plusieurs visites que je fis à Victor Hugo, Je rencontrai un jour chez lui M. de Lamennais, au moment où l'abbé revenait de Rome. Hugo était alors complètement coiffé des doctrines de parfaite indépendance que professait Lamennais, et j'ai retenu d'une des conversations que nous reprîmes, à quelques jours de là, sur le compte de l'abbé, ce mot caractéristique : — Que définitivement, quand on sentait en soi même quelque valeur, chacun pouvait se dire avec raison *qu'il était son propre pape...*

Vers le même temps à peu près, revoyant notre célèbre poète, après une chute et un essai infructueux à l'Odéon, à l'occasion de je ne sais quelle pièce, peut-être de Cromwel. Bah, me dit-il : *c'est une fascine jetée dans le fossé ; nous arriverons.*

..... Mais où cette échappée vers le romantisme allait-elle me mener ? — Je n'eus jamais, dans le moment, l'idée de me le demander, et c'est aujourd'hui seulement, en reprenant mon passé d'aussi loin, que je reste étonné, à bon droit qu'après être arrivé dans les bureaux du Ministère du Commerce, avec ma brochure sur le *commerce comparé de l'Angleterre et de la France,* j'ai pu, à peu de distance, me livrer à des essais d'un genre si différent. Mais l'esprit des jeunes gens est en général versatile, et, dans la carrière où je me sentais poussé par les circonstances, il était assez naturel que je me portasse vers le genre qui paraissait capter la faveur marquée du public.

Deux volumes, fruit de longues recherches dans les mémoires et les journaux de la première Révolution succédèrent rapidement à celui dont je viens de parler; et assez heureux pour avoir encore rencontré plusieurs des hommes considérables qui avaient pris part aux événements de la fin du dernier siècle, j'eus le bonheur de donner à ces deux volumes une teinte de vérité qui les fit rechercher d'un grand nombre de lecteurs. Le premier, la *Mort de Louis XVI*, scènes historiques dialoguées, parut à la

fin de 1828, eut une 2ᵉ édition au commencement de
1830 et une troisième depuis. Le second, *La chute des
Girondins* eut un cours à peu près pareil, et m'étant
présomptueusement paré à ce second volume du titre
de *Théâtre de la Révolution*, je ne tardai pas à avoir
de nombreux imitateurs *qui dramatisèrent* pour le théâtre
et les cabinets de lecture : la *mort de Robespierre,* la
mort de Danton et de plusieurs autres personnages dont
les noms furent arborés comme des bannières au service des
partis alors en lutte.

Ce fut sur ces entrefaites et, presqu'inopinément que la
Révolution de juillet de 1830 survint en jetant le pays dans
les inextricables difficultés d'un nouveau gouvernement à
établir. La modeste position que j'occupais dans un des bureaux du Ministère du Commerce, n'avait pu manquer de
me tenir éloigné de la lutte des trois journées. Mais ma
demeure au pied des buttes Montmartre, où j'occupais,
isolé, avec ma jeune femme et un enfant nouveau né, une
jolie petite maison avec jardin et grille sur la voie qui menait au haut des buttes, m'engagea sans que je pusse les décliner à des démarches qui me jettèrent dans le mouvement;
— d'abord il fallut s'armer et faire des cartouches... On parlait à chaque instant d'un retour de la garde royale qui
allait venir prendre position sur les buttes; on annonçait
l'arrivée d'un régiment d'artillerie qui devait être parti de
La Fère pour venir établir ses batteries sur Montmartre.
Je fus chargé avec deux autres personnes de faire une démarche près du Maire de Montmartre qui demeurait assez
loin des buttes, pour savoir de lui s'il entendait s'opposer à
l'établissement des troupes royales sur les buttes et ce qu'il
se proposait de faire à cet égard... Ce fonctionnaire s'étant
en quelque sorte soustrait à toutes nos demandes, la po-
pulation prit sans coup férir plusieurs résolutions dans le
but de pourvoir à la défense des lieux. Par une première
mesure, je me trouvai chargé de me rendre près d'un car-

rier, mon voisin, que l'on savait avoir un ou deux barils de poudre pour ses travaux ; je parvins, après beaucoup de pourparlers, à obtenir livraison, moyennant finance, d'une quantité de poudre suffisante pour faire quelques cartouches. Pendant que trois à quatre artificiers improvisés se chargèrent de cette besogne, je fus embrigadé sous la direction d'un vieux sergent de la garde impériale du premier empire qui nous mit avec des pioches à faire des tranchées dans la route qui descendait au nord de Montmartre vers Saint-Denis, afin de déjouer l'arrivée des batteries de La Fère toujours annoncées.

Mais pendant ce temps les trois illustres journées s'accomplissaient. Nous ne savions que très-vaguement ce qui se passait à Paris, et les racontars allaient grand train ; mais un fait irrécusable sauta bientôt aux yeux de tous, le drapeau national et les trois couleurs venaient d'être arborés sur l'Hôtel de Ville. Il ne fut plus question pour les vaillants patriotes de Montmartre que d'empêcher toute entreprise désespérée des troupes royales. Dans ce but et par suite d'une démonstration irrécusable de notre vieux sergent, je fus placé dans la nuit du 30 juillet avec douze à quinze volontaires comme moi, à l'angle nord-est du cimetière de Paris, qui touchait en ce point la chaussée qui monte à Montmartre. Des sentinelles munies d'un mot d'ordre furent placées en avant pendant que le gros de la troupe bivouaquait sur la chaussée... Vers une heure du matin, quand le sommeil s'était emparé de la plupart d'entre nous, des qui-vive et un coup de fusil se firent subitement entendre dans la direction de la sentinelle placée sur le chemin qui longe le cimetière au nord. — Chut ! chut ! dit le vieux sergent et se mettant l'oreille contre terre en troupier aguerri sur les expédients les plus retors : — Silence... Attention ! C'est de la grosse cavalerie !.... cependant on n'avait pas répondu au feu de la sentinelle, et celle-ci un peu troublée, sans pouvoir dire ce qu'elle avait vu, s'était repliée sur nous après

avoir déchargé son arme. — Quatre hommes de bonne volonté, dit le sergent, et nous voilà au nombre de cinq qui
rasons l'arme au poing le long du mur du cimetière.…
Qu'était-ce ? — Un troupeau de bœufs, qui venant de Saint-
Denis pour l'approvisionnement de Paris, s'était échappé
des mains de ses conducteurs au moment de franchir la
barrière, où régnait la confusion la plus grande. — Ainsi
finissent quelque fois les événements les plus tragiques. Ce
fut aussi le terme de notre compagne.

Mais il m'en revient encore un souvenir que je ne veux
pas passer sous silence. — A huit jours de distance des
glorieuses journées, Montmartre, comme Paris, voulut avoir
son service funèbre en mémoire des patriotes morts pour le
salut de la Patrie. Notre maire qui s'était beaucoup effacé pendant la lutte (j'ai oublié son nom, mais je crois qu'il était député) vint à reparaître et s'employa très-gaillardément à tout
préparer pour donner à l'office et à la cérémonie la splen-
deur la plus grande. — Appariteurs, — tambours et
musique suivis des volontaires et de la garde nationale
eurent bientôt rempli la petite église de Montmartre. On
nous rangea du mieux qu'il fut possible, et armé d'un fusil
de munition lustré sur toutes les faces, je me trouvai par
mon rang de taille placé près de la balustrade du chœur.
Deux ou trois prêtres officiaient, une messe en musique fut
célébrée et nous allions nous retirer quand, nous regardant
les uns les autres, nous nous demandâmes si le maire
n'avait rien à dire.… Quelques voisins de gauche me pous-
sèrent vers la municipalité qui était placée à deux pas
de nous, et la preuve étant acquise qu'aucun discours
n'était préparé, un garde national s'écria : Un homme de
bonne volonté dans la chaire ! Et sachant que dans les
jours passés j'avais déjà fait une démarche près du maire,
je me sentis pressé, désarmé de mon fusil et conduit jusqu'aux degrés de la chaire à prêcher… Je ne sais à quoi cela
tint, mais je me trouvai tout à coup animé d'une résolution

aussi ferme que quand je marchai à la suite de mon vieux sergent au-devant de la grosse cavalerie que nous allions reconnaître, et ayant retenu, des récits recueillis au corps de garde, quelques détails sur les trois journées et sur deux citoyens de Montmartre qui avaient succombé dans la lutte, je défilai avec un accent assez senti quelques phrases empreintes de la couleur du temps, et des événements qui étaient présents à tous. A ma descente de la chaire je fus, entouré, complimenté par ceux qui étaient près de moi et le maire me prenant le bras précédé des tambours et de la musique, fit signe de sortir et me reconduisit jusqu'à la grille de ma petite demeure, placée comme je l'ai dit au bas de la butte.

Ce court triomphe ne fut troublé que par le mauvais propos d'un commandant du bataillon de Montmartre, décoré de la croix de Malte, qui se permit de dire que si *on avait été prévenu, on aurait pu faire mieux*.... J'ai assez naturellement oublié le nom de ce malavisé; mais je crois me rappeler qu'après s'être habilement fait décorer de la croix de juillet il échoua assez malheureusement dans quelque carrefour.... Au résumé, comme on le voit, tout ceci était fort innocent et bien éloigné de ce qui s'est passé à Montmartre en 1871 où le souvenir des généraux Le Comte et Clément-Thomas reste comme une tâche indélébile que le temps n'effacera jamais.

Après les trois journées de 1830, ainsi que cela s'est répété aux révolutions qui se sont succédé, l'ordre et le calme reprirent enfin leur cours. Je trouvai le moment de rejoindre ma femme dans une laiterie où elle s'était réfugiée avec une jeune bonne et l'enfant que nous avions, et je me remis dès le lendemain en route pour mon bureau situé dans la rue de Grenelle avec l'obligation de m'y présenter chaque jour pour satisfaire aux exigences de mon modeste emploi de commis-rédacteur au Ministère du Commerce. On m'avait bien parlé un instant d'une sous-préfecture et quel-

ques amis m'avaient offert à Nantes un poste tout de confiance près de M. de Saint-Aignan qui voulut bien aller jusqu'à dire que c'était un autre lui-même qu'il cherchait : je
pris cependant le parti de ne pas quitter Paris.

Les députations des départements affluaient déjà, et la
petite ville de Pont-Labbé, où je m'étais marié, m'avait
envoyé une adresse qu'elle me chargea de remettre au roi
Louis-Philippe en même temps que celle de Quimper, chef-
lieu du département. Nous primes jour avec l'un des députés du Finistère, M. Daunou, pour nous présenter au Palais-
Royal et arriver jusqu'au Roi. L'adresse, que j'étais chargé
de déposer aux pieds du nouvel élu de la France, ressem-
blait à toutes celles qui arrivaient des quatre coins de l'ho-
rizon. — Elle est un peu longue me dit M. Daunou, mais
vous pourrez abréger en disant au Roi que vous vous unis-
sez d'intention aux habitants du chef-lieu pour l'assurer du
respect et du dévouement des habitants de Pont-Labbé. —
Très-bien ; mais c'est un peu banal, répondis-je : est-ce que
je ne pourrais pas en outre ajouter le vœu si souvent
exprimé par les populations bretonnes en faveur de la suppression de l'impôt du sel... — Tout ce que vous voudrez me
répondit le digne M. Daunou; et au jour indiqué, voilà les
deux députations de Quimper et de Pont-Labbé, ayant le
député Daunou à leur tête, qui cheminent par les anti-
chambres et les salons du Palais-Royal, pour arriver au
grand salon donnant sur le jardin, où le Roi, ayant rangé
derrière lui la Reine, ses fils et ses filles, attendait les députations qui se succédaient sans intervalle. L'orateur de la
ville de Quimper était un célèbre avocat de la localité,
nommé Poulizac, qui, depuis vingt ans et plus, plaidait pour
tous les assassins et les voleurs endurcis qui passaient
devant la Cour d'assises. — Son manuscrit à la main, Poulizac s'avança de deux pas au devant de nous, et levant le
bras droit comme pour le dégager de sa toge, il entonna en
phrases sonores et arrondies les vœux qu'il était chargé

d'exprimer au nouveau Roi : on eût dit une réplique passionnée au Ministère public... Les jeunes princesses et la Reine portèrent discrétement leurs mouchoirs de mousseline à la bouche. Mon tour était venu ; et, après avoir vingt fois repassé ma leçon, je dis donc au Roi que les habitants de la ville de Pont-Labbé s'unissaient à ceux de Quimper pour assurer sa majesté de leur respect le plus dévoué et qu'ils lui demandaient en même temps, la permission de lui exprimer le vœu de voir supprimer l'impôt du sel.

La demande avait évidemment péniblement impressionné le Roi, et s'avançant vers moi en me portant le doigt au corps : *Monsieur que dites-vous là.* — Un peu déconcerté, mais en me reprenant :

« Sire,

« Les habitants de Pont-Labbé m'ont chargé de vous « offrir l'expression sentie de leur respectueux dévouement, « mais ils m'ont chargé aussi de vous soumettre le vœu « qu'ils forment depuis longtemps pour la suppression de « l'impôt du sel. »

Monsieur, me répondit-il brièvement, nous en délibérerons au Conseil des Ministres ; et nous nous retirâmes, non sans qu'il arrivât un incident qui prit presque les proportions d'un événement.

Avant de laisser les députations se retirer, un aide de camp avait l'ordre de prendre le nom de l'orateur de la députation pour lui adresser plus tard une invitation à dîner de la part du Roi. — Cette fois deux députations s'étant présentées à la fois contrairement à l'usage, il n'y eût qu'un nom de pris et une invitation de faite ; je fus naturellement oublié.

Mais les journalistes en quête de toutes les adresses qui se débitaient chaque jour sous les lambris du Palais-Royal, n'avaient pas manqué de prendre note du vœu que j'avais articulé à l'occasion de la suppression de l'impôt du sel, question déjà à l'ordre du jour et qui courait les campagnes et la ville. C'était très-bien et quelques journaux avaient même rapporté la réponse du Roi que plusieurs signalaient comme évasive, que d'autres présentaient comme une fin de non recevoir. — Les commentaires s'en mêlant, la chose alla se grossissant jusqu'à faire remarquer que l'adresse des habitants de Pont-Labbé n'avait point été inscrite au *Moniteur* et que l'orateur de la députation n'avait point été invité à dîner au Palais-Royal...

Plusieurs jours se passèrent, quand un beau matin, un messager en livrée rouge et à cheval vint sonner à la petite grille de mon habitation, à Montmartre. Ma femme un peu troublée ne fut complétement rassurée que quand nous eûmes ouvert le pli qui nous venait du Palais-Royal ; c'était une invitation à dîner à l'orateur de la députation de Pont-Labbé.

Je n'eus garde d'y manquer comme on le pense bien, et passant du salon dans la salle à manger, je me trouvai avec une quarantaine d'autres personnes à prendre place à la table du Roi qui avait à ses côtés sa sœur, Mme Adelaïde, et une de ses filles celle qui fut plus tard la reine des Belges. Quant à la Reine elle faisait face au Roi et le maréchal Moncey fut placé près d'elle. Les autres places n'avaient pas été désignées et je me trouvai assis à côté d'un des aides de camp de la maison qui m'avait accompagné pour me conduire à la salle à manger... M. Fonfrède, de Bordeaux, journaliste et fils du malheureux Girondin dont il portait le nom, était à ma gauche. A raison de mes études j'aurais bien désiré étendre avec ce Monsieur la conversation qui s'offrait d'elle-même à nous ; mais le jeune aide de camp que j'avais à ma droite s'était complétement emparé de moi, et après avoir reçu de lui des renseignements sur les personnes marquantes de la réunion, il entra jusque dans les détails les plus intimes sur les habitudes de la maison royale et sur les soins

affectueux et répétés que la Reine prodiguait comme mère
à ses plus jeunes enfants qu'elle lavait et peignait elle
même le matin... écoutant ces récits avec attention je man-
geai peu et le temps s'écoulait, quand le Roi appelant un
domestique fit placer près de lui un magnifique jambon qu'il
se mit à découper lui-même pour le présenter ensuite à ses
invités. — Le dessert ne demanda que quelques minutes et
le Roi se levant de table en offrant le bras à Mme Adelaïde se
dirigea vers le salon en longeant la table au bas de laquelle
j'étais placé. — En passant près de moi, il s'arrêta un instant pour me dire *que la méprise dont j'avais été l'objet ne
provenait que d'un oubli involontaire.* Ces paroles aimables
ne manquèrent pas de fixer un instant l'attention de toute
l'assistance, et dès que nous fûmes entrés dans le salon je
ne pus faire moins que d'aller m'incliner de nouveau devant
le Roi et lui répéter ce que je lui avais déjà dit du dévouement des Bretons. Je me retirais quand un général,
qui répétait ses protestations et ses saluts, fut tout à coup
interpellé par Louis-Philippe, qui, en se tournant vers le
tableau d'Horace Vernet représentant la bataille de Gem-
mapes, lui dit : Eh ! bien général, vous rappelez-vous ce
moulin à vent !... très-bien ! très-bien !... répondait le général, mais pas un mot de plus. — C'est que vous aviez bien
froid, reprit le Roi, et si je ne vous avais donné mon man-
teau !... Ah ! oui, oui..; et il me fut de nouveau prouvé que
le Roi se trouvait doué d'une mémoire évidemment très-
heureuse. — Les hommes qui l'on pratiqué pendant les dix-
huit années de son règne, se sont tous accordés à lui reconnaître plusieurs autres très-éminentes qualités, et j'ai
retenu d'une conversation que j'eus un jour avec M. Billault
l'un des anciens ministres de l'empire, qu'il était difficile
d'échapper à la séduction pleine de charme qu'il savait
exercer sur son interlocuteur quand, le retenant dans une
embrasure de fenêtre, il avait entrepris de le ramener à son
opinion personnelle.

Mais passons, car, si loin que je pusse être des grands événements du jour, je ne laissai pas cependant de m'y trouver un peu mêlé, et ma députation, mon vœu en faveur de la suppression de l'impôt du sel, comme mon dîner au Palais-Royal devaient avoir une suite.

Tous les partis s'agitaient. Quelques républicains encore peu nombreux, appuyés de tous les mécontents que la Restauration n'avait pu satisfaire, cherchaient les moyens de se produire et de se faire compter en vue des élections qui allaient avoir lieu pour le renouvellement de la Chambre des députés... je ne me trouvai pas dans les conditions voulues pour faire une tentative de ce côté, mais j'étais, comme beaucoup d'autres jeunes hommes, désireux de suivre de près le mouvement qui se manifestait en faveur des réformes demandées par la nouvelle révolution. Plusieurs réunions populaires venaient de se fonder : je m'engageai résolûment dans l'une d'elle qui eut son siége au manège Pellier, dans la rue Montmartre et je m'y trouvai avec plusieurs de mes amis. J'y rencontrai aussi beaucoup de journalistes déjà connus, et je n'eus pas de peine à y prendre ma place, de manière à faire successivement partie du bureau et de plusieurs commissions. Il s'en forma une très-nombreuse qui fut chargée de préparer une circulaire que nous devions adresser aux départements en vue des élections prochaines pour le renouvellement des Chambres.

Cette commission fut composée de douze ou quinze membres dont je ne me rappelle plus les noms ; on se réunit à plusieurs reprises dans un appartement de la rue Richelieu appartenant à l'un des commissaires. On y bavarda beaucoup et j'y eus mon tour comme les autres : en fin de compte une sous-commission fut constituée et composée de trois membres : MM. Marast, Ladam et moi. Il fut convenu entre nous que chacun de nous trois ferait son projet de circulaire et que nous nous trouverions à un jour dit chez M. Ladam, qui demeurait près de la Barrière de Clichy. M. Marast et moi

4.

fûmes exacts au rendez-vous. On lut et on discuta les trois projets; en définitif le mien fut adopté quoique M. Marast se fût montré peu sympathique à mon projet, et il fut convenu qu'il serait soumis à l'approbation de la réunion du manège Pellier. Ce jour venu, je lus donc mon rapport et le projet de circulaire adoptée. Très-ferme mais mesurée et pleine de déférence pour les électeurs de la province, que j'estimais disposés à conserver leur indépendance, la circulaire avait plutôt pour but de demander l'avis et le concours des départements, que de leur imposer des doctrines et des principes hâtivement improvisés. Mais, je n'avais pas fini, que M. Marast soutenu de M. Flocon (1) tirant de sa poche le projet que nous n'avions adopté ni M. Ladam ni moi, prétendit qu'il rendait plus exactement que je ne le faisais, la pensée de la grande commission nommée par l'assemblée générale. Aidé du bureau qui avait le mot, il s'engagea aussitôt une très-vive discussion qui arriva promptement au paroxysme de l'exaltation. J'avais cependant mes partisans et j'étais surtout soutenu par MM. Ladam et Garnier-Pagès qui faisaient tête à l'orage. — Mais bientôt les arguments les plus pressés n'eurent plus de valeur, et M. Flocon se détachant du bureau avec un tabouret à la main s'élança sur moi. J'étais alors jeune et preste, et parant le coup avec ma chaise, je saisis M. Flocon à la cravate et le réduisis au silence en le collant contre le mur. On nous sépara et la séance fut levée, sans conclusion mais non sans parti pris par les amis de M. Marast qui firent imprimer sa circulaire et se mirent en rapport avec les départements. — La séance toutefois ne laissa pas que d'avoir eu du retentissement, et le père d'un de mes camarades de bureau, nommé Dirat, qui avait été porté à la suite des événements de 1815, sur la liste des vingt-six proscrits que la Restauration avait tenu à éloigner du sol

(1) L'un de ces Messieurs, M. Marast a été président de la chambre de 1848, et l'autre ministre du commerce de la même époque.

français après la rentrée de Gand, ayant eu l'occasion de me nommer à une des réunions qui se tenaient journellement chez M. Lafitte l'un des Ministres du gouvernement improvisé à la suite des grandes journées, je fus prié par ce Monsieur d'aller avec lui voir M. Lafitte un des jours suivants. L'accueil de M. Lafitte fut des plus gracieux, et ayant appris de moi qui j'étais et quelles liaisons d'amitié ma famille avait avec M. de Kératry, son collègue à la Chambre, il voulut bien m'inviter à ses soirées où je rencontrai tous les hommes les plus éminents de l'opposition. Ce fut là que je vis pour la première fois M. Thiers qui arriva un peu tard, mais prit bientôt les dés en mains. On l'écoutait avec une vive et curieuse attention qui laissa à l'écart et dans le silence trois à quatre dames assises sur les canapés du salon. A quelques jours de là, je dus reprendre avec M. Lafitte et dans son cabinet une conversation dont le but était d'arriver si c'était possible, à donner une existence régulière aux réunions du manège Pellier dont l'action commençait à se faire sentir. M. Lafitte m'apprit à ce sujet que ma supplique au roi pour l'impôt du sel avait été, sur la proposition de M. Guizot, ministre de l'instruction publique, l'objet d'une résolution qui fut de ne plus insérer au *Moniteur* les réponses que le roi pourrait faire aux adresses qui lui seraient présentées. Au reste, me dit-il, d'ici à peu de jours probablement, je serai président du conseil et j'espère que nous pourrons nous constituer assez fortement pour laisser à toutes les opinions la liberté de se manifester suivant qu'il leur conviendra, car le gouvernement que nous établissons doit être le véritable point de départ de la liberté en France. Je ne dois pas toutefois, vous dissimuler, ajouta-t-il, que le conseil lui-même ne pourra guère être unanime sur ce point. Mon ami Perrier, *a un mauvais estomac, il regarde tous les matins dans sa glace si sa langue n'est pas blanche:* du reste, il dit de moi *que je vois tout en rose*, et il n'est point probable que nous puissions longtemps marcher du même pas…. Mais la Chambre nouvelle décidera de toutes ces choses. — Vous êtes jeune Monsieur du Chatellier, me dit-il, et si vous étiez des nôtres, j'ai la certitude que vous pourriez nous rendre de bons services. Comptez-vous vous présenter aux prochaines élections ? — Je ne le puis, répondis-je ; car je suis en possession de père et mère et je ne me trouve pas payer la quotité d'impôts nécessaires pour être éligible (je crois qu'il fallait payer 500 fr. d'impôts directs). — Mais qu'à cela ne tienne, répliqua-il, soit votre père, soit votre beau-père peuvent, d'après la loi, vous déléguer les contributions exigées, et *je me chargerai de votre élection !* Ecrivez-leur et revenez me voir. Telles furent les dernières paroles de cette conversation que je rapportai tout au long à mon beau-père qui était très en mesure de me faire la délégation exigée…..

Mais mon beau-père, homme d'affaires très-avisé, avait toujours trouvé que j'avais l'imagination un peu vive, et sa réponse pleine d'arguments plus ou moins spécieux se trouva conclure à une négation très-absolue, agrémentée d'un mot assez piquant que je l'avais souvent entendu répéter : — à savoir que Thiers *n'était qu'un brouillon et qu'il perdrait la France!*

Je rentrai dans ma coquille et me retrouvant *gros Jean comme devant.* Je me remis rue de Grenelle à tailler ma plume pour reprendre mes hautes fonctions de *commis rédacteur ?...*

J'avais bien vu entrer quelques nouveaux venus comme toutes les révolutions en font sortir de terre pour compléter les bureaux qui déjà étaient très-complets. Mais dans cette loterie d'un nouveau genre aucun lot sortable ne s'offrit à mes espérances et il me prit comme une nostalgie de la Bretagne que je désirais revoir. — Je trouvai à cet effet, comme cela se trouve toujours, un prétendu affaiblissement de la vue que mon chef de division se prêta très-volontiers à faire valoir en faveur d'une vacance qui lui permettrait d'appeler une nouvelle recrue, et cinq ans de traitement de réforme avec de louangeurs certificats pour mes services passés me furent accordés.

Je rejoignis donc la Bretagne et ce fut toute une nouvelle existence à partir de 1831 qui s'ouvrit devant moi.

Je n'avais encore qu'un enfant; mais je pouvais bientôt en avoir d'autres, et le premier souci de ma rentrée au pays dut être naturellement de songer aux moyens d'existence que je pourrais réaliser.

J'avais du côté de ma femme 1,500 francs de pension : et 500 francs de traitement de réforme que j'y avais ajoutés, me formaient un revenu très-modeste de 2,000 fr. — C'était fort exigu. — Mon père et ma mère déjà fort âgés, et qui avaient à Tréboul, près de Douarnenez un très-petit établissement de pêche de sardines, eurent l'idée de nous l'abandonner à moi et à ma sœur, mariée à M. Joseph de Lécluse, officier de marine qui habitait Brest et se trouvait souvent à la mer.

Cet établissement de pêche avait pour siége principal une fort petite maison portant sur le front de l'une de ses fenêtres un millésime que je ne me rappelle pas et le nom de *Madezo*, famille à laquelle appartint une de mes aïeules du côté maternel. — Je me logeai comme je pus dans cet immeuble maternel dont les murs étaient sans tapisseries et sans lambris. Deux petites pièces sans plancher au rez-de-chaussée et deux pièces de même dimension au premier avec de petites croisées défendues par des vitres de douze à quinze centimètres formaient l'asile où je me trouvai un instant relégué en quittant Paris. Une parcelle de terre déclose formait comme un jardin dans lequel il me fut loisible de tracer des plate-bandes où je semai quelques laitues, des pois et des haricots pour exercer le talent culinaire d'un cordon bleu qui aurait eu peine à se faire agréer d'un curé de campagne. Des filets et quelques bateaux formaient le matériel commercial de l'établissement, et autant qu'il m'en

souvient, un petit traité d'association fut passé entre moi
et ma sœur pour l'exploitation de notre industrie. Mais
j'étais loin évidemment d'avoir le génie du commerce qui
eût pu me mener à la fortune, et ma seule campagne de
pêche qui me donna quelques centaines de francs de profit,
suffit à me démontrer que ce que j'avais de mieux à faire
était, avec l'agrément de ma sœur, de mettre le tout à l'en-
can, de chercher un locataire si j'en pouvais trouver un, et
de quitter les lieux pour voir si je trouverais mieux à Pont-
Labbé où demeurait la famille de ma femme, ou à Quimper
où j'avais mon père et ma mère,

À un des premiers jours de 1832, j'avisai donc à un exode
en règle de Tréboul à Pont-Labbé; et, après avoir chargé mes
meubles, mon linge et mes livres sur deux charrettes, je me
mis en route profitant de la basse mer du matin pour sortir
de Tréboul et atteindre la grande route de Douarnenez à
Quimper. Le début de ma pérégrination ne fut pas heureux;
une des charrettes qui portait mon trésor et mes espérances,
versa à la hauteur de Ploaré et me laissa un instant dans le
plus inextricable embarras... Arrivé à Pont-Labbé, je pris
possession d'une petite maison que mon beau-père avait
mise à ma disposition moyennant un prix de loyer qui fut
prélevé sur la pension de 1,500 fr. qu'il servait à sa fille. —
Pour m'essayer et savoir quelles pouvaient être mes apti-
tudes commerciales, mon beau-père voulut bien me donner
quelques lettres à transcrire sur ses registres. Je crois
même que je fis quelques courses pour lui près des personnes avec lesquelles il était en reletions d'affaires ; mais tout
cela était loin de faire de moi un négociant, ou même un
commis négociant, et il me fut bientôt démontré, malgré tous
les avantages que pouvait m'offrir la position commerciale
qu'occupait mon beau-père, que je ne ferais pas plus fortune
à Pont-Labbé qu'à Tréboul et que décidément j'étais venu
au monde sans avoir la bosse des affaires.

Je me trouvai de toutes manières réduit à la position la

plus précaire quand un Préfet nouvellement arrivé à la tête
du département, M. Pasquier, eut l'idée de créer un service
des prisons et des établissements de bienfaisance pour lequel il voulut bien songer à moi. Recommandé par plusieurs
personnes amies de ma famille, il m'offrit le titre d'inspecteur des prisons et des établissements de bienfaisance avec
un traitement de 1,500 fr. qui fut porté plus tard à 2,000 fr.

Cette circonstance m'appela à Quimper et m'y fixa. La ville
de Quimper, comme chef-lieu de département n'eut jamais
une grande importance ; mais avec des relations nouvelles et
l'amitié très-bienveillante d'un Préfet , homme d'esprit
depuis longtemps versé dans les affaires administratives,
je vis s'ouvrir devant moi des occasions multipliées de m'occuper en même temps que de me rendre utile.

Dès le mois d'octobre 1832, je me trouvai en mesure de
former un groupe d'hommes de goût et d'étude qui fut le
point de départ d'une Société littéraire où vinrent bientôt
se réunir tous ceux de mes compatriotes, jeunes ou âgés,
que l'avènement d'un nouveau gouvernement portait naturellement vers les réformes et les idées de progrès.

Le frère de ma mère, M. Le Bastard de Kerguiffinec,
alors conseiller de Préfecture et plus tard député, le docteur
Dubosc, aussi conseiller de Préfecture, Gestin, docteur
médecin, Duval, principal du collège, Le Grand, bibliothécaire, de Kermorvan, ancien officier d'artillerie, furent de
ceux qui m'aidèrent le plus à former la Société que nous
parvînmes à constituer définitivement le 25 octobre 1832. —
cinquante personnes des plus notables de la ville prirent
part à cette première séance, et après nous être arrêtés
au titre de Société d'Émulation, le bureau fut composé ainsi
qu'il suit : M. Du Chatellier fils, président, MM. Gestin et
Duval, vice-présidents, MM. Sauvée et Le Franc, secrétaires,
M. Le Grand, archiviste, M. Th. Chauvel, trésorier.

La pensée de la Société, ainsi que le porte son règlement,
fut « de s'occuper de travaux d'utilité générale et plus par-

« ticulièrement d'objets se rattachant aux progrès de la
« civilisation dans le département du Finistère ; et, pour
« arriver à cette fin, d'ouvrir des cours gratuits où l'ensei-
« gnement serait surtout dirigé dans l'intérêt des classes
« ouvrières. »

Ce programme à peine formulé fut immédiatement mis en
pratique, et, dès l'hiver de 1833, nous ouvrîmes à la mairie
des cours qui furent suivis avec tant d'empressement que
les places manquèrent souvent au public.

Histoire de la Bretagne et
    histoire locale .... MM. du Chatellier.
Géométrie appliquée aux arts.   Blouet.
Arithmétique ....   Gervais.
Dessin linéaire..............   Dupé.
Constructions civiles.........   Derrien.
Grammaire ....   Golias.
Hygiène appliquée à l'éducation   Gestin.
Chimie appliquée aux arts....   Bourassin,

Ces travaux et l'approbation bienveillante du public ne
manquèrent pas de donner à la Société un élan qui imprima
autour de nous un mouvement très-animé d'étude et de
recherche. — Le registre contenant les procès verbaux de
nos séances fait aujourd'hui partie des archives de Kernuz
et on peut y voir la preuve de ce que j'avance. Je n'en
extrairai que quelques passages qui viennent se ranger
d'eux-mêmes comme souvenirs d'un passé que j'essaie de
me rappeler aux derniers jours d'une longue existence,

— Les concours agricoles qui n'existaient point encore
dans le département ; — la double création d'une salle d'Asile
et d'une Caisse d'épargne pour le chef-lieu du département ;
— l'ouverture d'une route Centrale devant relier le chef-
lieu du département à Morlaix ; la création d'un Congrès
régional formé de toutes les Sociétés des départements
bretons appelés à se réunir une fois par an sur divers points
de la Bretagne ; l'analyse des eaux dont les sources sont

voisines de Quimper et qui pourraient être utilisées pour cette ville ; — la création d'un journal rédigé en langue bretonne ; — une statistique du département ; — une carte géologique du département ; — un musée industriel devant réunir tous les éléments des richesses locales furent autant de questions posées et traitées dans la Société dont nous parlons.

Toutes ces questions et ces projets n'obtinrent pas sans doute une solution également satisfaisante ; mais beaucoup eurent une suite très-heureuse. — Les concours de charrue, les courses de chevaux, l'établissement de la Caisse d'épargne et de la salle d'asile, furent institués dès l'année 1833, avant que les lois de l'État en eussent prescrit ou protégé la création. — Plusieurs mémoires sur la géologie et la flore du département furent communiqués et discutés dans les séances mensuelles de la Société, et quand mon tour fut venu de soumettre à mes confrères, les nombreuses recherches dont je m'étais chargé, sur les richesses du département, sur les administrations appliquées au service de tous les intérêts publics, je trouvai de la part de mes concitoyens comme de l'administration supérieure tous les concours propres à mener mon entreprise à bien. Les ministres du commerce et de l'intérieur assurèrent, l'un 1,000 fr., l'autre 1,500 fr. à l'achèvement des travaux que j'avais entrepris. De son côté, le Conseil général vota les fonds nécessaires à leur publication ; et, en échange des renseignements que les maires avaient bien voulu m'accorder, il fut convenu qu'un exemplaire des trois livraisons, formant l'ensemble de la statistique du Finistère, telle que je l'ai fait imprimer, serait remis à chaque commune.

Quel usage ont-elles fait de ce dépôt ? — Je n'en sais trop rien ; mais j'ai plusieurs raisons de croire que, dans beaucoup de communes, ces renseignements n'ont été que bien rarement consultés ; et que dans plusieurs d'entre elles, ils n'existent même plus,

Toutefois il ne faut pas penser que ces projets et ces entreprises secondés par le concours des hommes sérieusement dévoués aux intérêts publics aient passé sans rencontrer des malveillances plus ou moins déguisées. — Il en partit plusieurs du conseil municipal de Quimper, ainsi que les procès-verbaux de la Société en font foi. — Ces mesquines taquineries sont oubliées depuis longtemps ; mais je veux cependant en citer une. Quimper avait alors pour maire un vieux garçon, riche industriel, que je ne nommerai pas. Je le rencontre un jour sur une des promenades de la ville, et la question des caisses d'épargne et des salles d'asile devient l'objet de notre conversation. — Je sais, lui dis-je, que nous avons quelques opposants dans le conseil municipal ; — mais un mot de vous peut tout aplanir et nous comptons sur votre appui. —Oui et non, me répondit-il : — j'accepterais la caisse d'épargne ; mais la salle d'asile jamais. — Et pourquoi donc ? — C'est un encouragement que vous donnez aux mauvaises mœurs ; les jeunes mères s'y débarrasseront de leurs enfants pour se livrer à la débauche ! Allons, lui répondis-je, ce n'est pas sérieux ce que vous dites et je ne pense pas que vous ayez si mauvaise opinion des jeunes femmes de Locamaria où vous demeurez. — Puis le vieux garçon se mit à ricaner et à me rire au nez. — Et si j'insérais votre réponse dans un journal, que dirait-on de la magistrature de notre chef-lieu ? — Oh ! pour cela comme vous voudrez : je ne lis jamais de journaux ! — et nous nous séparâmes sans un mot de plus.

Toutefois, cette malveillance sourde et peu honorable était loin de s'éteindre ni même de s'affaiblir. A peine la statistique du Finistère fut-elle publiée, que je me vis en but aux attaques combinées des notaires et des avoués dont plusieurs faisaient partie du conseil municipal.

Après avoir relevé dans les greffes des cinq arrondissements, de 1811 à 1831, le nombre des actes rédigés par les notaires, les honoraires dont ils se faisaient payer et la manière dont ils parvenaient à multiplier les actes rédigées dans leurs études, ces messieurs réunis dans leur chambre prétendirent que j'avais essayé de les diffamer et de mettre leur loyauté en suspicion. — Une plainte de leur part fut, en conséquence, déposée au parquet du tribunal de Quimper, et je me trouvai, de l'avis de ces messieurs, sous le coup d'une mise en accusation qui ne devait cependant aboutir qu'après que le procureur général ou la chambre des mises en accusation de la Cour d'appel en aurait connu..... Mais il arriva que celle-ci, loin de se prêter à ces attaques, s'empressa de dire que mes assertions étaient fondées et qu'il n'y avait pas lieu de donner suite à cette affaire. MM. les avoués surpris de cette déconvenue, s'arrêtèrent comme leurs confrères du notariat, et s'abstinrent de réclamer contre ce que j'avais dit de certaines de leurs expertises donnant lieu à des dépenses ruineuses pour leurs clients.

Ces débats se passaient vers 1836 et ne laissaient pas que de m'avoir causé des tracas assez pénibles, quand un de mes amis, M. de Saint-Georges, chef de division à la Préfecture, avec lequel je m'entretenais de l'incident, me dit, tout à coup, mais laissez-les donc crier et mettez-vous sur les rangs pour un des prix que l'Académie des sciences distribue tous les ans... — Tiens c'est une idée, répondis-je ; mais il faudrait quelqu'un pour me recommander et je n'y connais personne. — Pas du tout, adressez simplement un exemplaire de votre statistique à l'Institut, et priez le secrétaire de vous inscrire comme concurrent à l'un des prix Montyon de l'Académie. — Je n'y manquais pas, et me trouvant un jour, à deux ans de là, à Morlaix, chez un de mes parents, M. de Kergos, il arriva, qu'après nous être levés de table, son fils étant allé à la chambre de lecture pour prendre connaissance des nouvelles du Courrier, s'écria en rentrant chez lui : Mais mon cher du Châtellier, tous les journaux parlent d'un prix Montyon qui vous est accordé par l'Institut. Qu'est-ce donc?.... — Allons voir : et j'y trouvai en effet ma réponse aux notaires de Quimper. Le rapport de MM. Charles Dupin, Séguier et Costaz contenait ce passage très-significatif: « *Qu'on devait savoir gré à M. du Châtel-lier d'avoir indiqué les odieuses combinaisons imaginées par certains praticiens pour s'enrichir au détriment de leurs clients et de leurs familles.*

Quelle plus heureuse conclusion aurais-je pu attendre.

Une pendule du salon de Kernuz, style Louis XIV, et signée Coupe-Vent, a été acquise des deniers provenant du prix Montyon qui me fut décerné en 1839.

Ce fut à peu près à cette époque, en 1841, qu'un de mes bons camarades du lycée de Rennes, Paul Dubois, ayant été appelé, comme inspecteur général de l'Univereité, à faire partie du conseil supérieur de l'instruction publique, m'écrivit en sortant d'une de ses séances pour m'offrir, au nom du ministre, la chaire de littérature étrangère à la Faculté des lettres de Rennes. Sa lettre, qui fait aujourd'hui partie des archives de Kernuz, est datée du mois de juin. Elle portait (M. Marmier, titulaire de la chaire, venant de se retirer) que j'aurais à me rendre à Rennes dans quinze jours ; et que mes appointements courraient à partir du 1er janvier de l'année. — Je ne sais trop, aujourd'hui, quelles raisons, sans doute très-bonnes, me portèrent à refuser une offre si flatteuse ; mais je suis resté profondément touché du procédé sans pareil de mon ancien camarade, et je n'ai laissé aucune occasion de lui rappeler que les années n'avaient pu affaiblir l'amitié qu'il m'avait toujours inspirée. — Dans les dernières années de sa vie, Paul Dubois, dont le journal le *Globe* avait fait la réputation, est venu s'asseoir à côté de moi à l'Académie des sciences morales et politiques de l'Institut.

Mais passons, les années s'écoulaient rapidement ; j'avais atteint la quarantaine, et par suite de l'acquisition faite par mon beau-père, M. Huard, du château de Kerlagatu, situé à une petite distance de Quimper, je quittai cette ville pour aller habiter cette nouvelle demeure mise à ma disposition. Avec les fonctions peu chargées de mon inspection des établissements de bienfaisance, je me trouvais au milieu des jardins et des bois de Kerlagatu, dans cette heureuse position d'esprit et de bien-être qui appelle sans effort le travail et les occupations qui en forment le plus satisfaisant complément. Très-rapproché de Quimper et à portée de mes chers parents, je les voyais souvent venir se mêler aux ébats de nos enfants et ces circonstances me laissaient à peu près sans désirs et sans visées ambitieuses vers l'avenir. J'y faisais par occasion quelques portraits et de la peinture que j'ai beaucoup aimée. Entre autres portraits que je fis vers cette époque, j'ai conservé ceux de mon père et de ma mère très-ressemblants ; ceux de mon beau-père et de ma belle-mère également ressemblants, tous les quatre sont dans la salle à manger de Kernuz. Mon propre portrait fut aussi tenté par moi à deux reprises vers cette époque. Celui de ma femme le fut également.

Préoccupé en même temps de travaux d'un autre genre, je me mis à rechercher et à étudier de près tous les documents que je pus me procurer sur les agitations si dramatiques de notre grande révolution au sein de la Bretagne. — Je ne tardais pas à reconnaître dans les pièces que je parvins à réunir, les éléments très-riches d'un livre qui devait prendre rang dans l'histoire du pays. Mes relations avec un de mes parents, ami de M. Guezno d'Audierne, ancien représentant, qui avait concouru avec Hoche à la pacification de la Vendée, m'eurent bientôt fourni une masse de documents qu'il ne fut plus question que de mettre en œuvre ; et le temps et le loisir m'en étant donné, je publiai en 1836 les six volumes de l'*Histoire de la Révolution dans les départements de la vieille Bretagne*, auxquels j'ai attaché mon nom.

Un certain nombre d'années s'écoulèrent dans cette vie paisible et occupée, ayant été successivement membre du conseil municipal de Quimper, membre du conseil d'arrondissement pour le canton de Douarnenez, et même un jour candidat pour la députation, en opposition à M. de Carné que j'eus pour concurrent. Cette élection se présenta un moment d'une manière assez favorable ; mais mon oncle, Le Bastard de Kerguiffinec qui avait été une première fois supplanté par M. de Carné, ne voulut jamais se désister de sa candidature malgré ce que purent lui en dire des électeurs notables et même plusieurs membres de notre famille ; si bien que les voix s'étant éparpillées, je me trouvais avoir le dessous avec un nombre de voix cependant plus considérable que celui de mon oncle. Malgré cet échec, je conservai pour lui la plus tendre affection, et il en était digne à tous égards.

Ces circonstances et ces faits toutefois n'avaient pu manquer d'étendre beaucoup mes relations. Les journaux de Nantes m'étaient ouverts, depuis quelque temps. — J'insérai aussi quelques articles dans ceux de Rennes et de Brest, je pris même la direction d'un journal nouvellement créé à Quimper sous le titre de Quimperois. De ce moment j'eus des correspondances suivies avec plusieurs personnes de la Bretagne et notamment avec Mellinet, imprimeur, et commandant de la garde nationale à cheval de Nantes, avec Riéffel, directeur de l'institut agronomique de Grand-Jouan, avec le docteur Guépin, avec Billaut, député et plus tard président de la Chambre et Ministre ; avec MM. Marteville, Tarot et Ducrest de Villeneuve, père de mon futur gendre, tous trois de Rennes ; avec Le Vot, de Brest, etc., etc.. Mon existence devint ainsi de plus en plus animée et m'offrit en 1843, le moyen de réaliser l'idée que j'avais conçue depuis longtemps, de créer pour les cinq départements bretons, comme cela avait été fait en Normandie par mon ami M. de Caumont, une réunion de toutes les Sociétés de la Bretagne où se condenseraient les efforts et les ren-

seignements qui pourraient aider à développer les progrès
de l'agriculture et le mouvement général des études. Fondée
à Vannes en septembre 1843 sous le titre d'Association
bretonne, j'exposai dans une première réunion l'objet que
je m'étais proposé en même temps que je signalai le concours bienveillant et empressé qui m'avait été donné de
toutes parts et sans aucune réserve du côté des opinions et
des partis qui se partageaient le pays depuis l'avènement
du gouvernement de 1830. Le Préfet du département du
Morbihan, M. Lorois, homme d'esprit et d'une grande initiative, ainsi que M. le comte de La Bourdonnaye, député
légitimiste du pays s'inscrivirent au nombre de nos plus
zélés partisans et prirent une part très-active à nos travaux.
Quand il fallut constituer la commission permanente qui
devait rester chargée des intérêts généraux de l'œuvre, je
fus instamment prié d'en prendre la direction. Mais je déclinai cet honneur en priant mes amis de le déférer à
M. Riéffel, qui, comme chef de l'établissement national de
Grand-Jouan, aurait un accès naturel et facile près du gouvernement, en même temps que je resterais en mesure de le
seconder efficacement comme *Secrétaire général*.

J'ai conservé ce titre pendant douze ou quinze ans,
n'épargnant rien de ce qui pouvait faire prospérer l'œuvre
que j'avais conçue et conduite à bien. — On peut voir à ce
sujet les procès-verbaux que j'ai rédigés tout le temps où
j'ai conservé le poste de Secrétaire général. Ce fut pendant
ce temps que le premier des Concours régionaux qui alter-
nent aujourd'hui d'un point à l'autre de la France eut lieu à
Vannes, vers 1847. — M. de Sainte-Marie, inspecteur général
de l'agriculture, fut envoyé près de nous par le Ministre,
pour ce premier essai qui depuis a si heureusement pros-
péré. Mais au milieu de ces occupations variées, j'allais être,
à des intervalles rapprochés, très-cruellement frappé dans
mes affections de famille. Je perdis la même année, en
1845, ma sœur, Mme de Lécluse, mon père et ma mère, ces

deux derniers d'un grand âge, ma sœur encore jeune. La mort de cette dernière conduisit mon beau-frère, excellent homme, du caractère le plus uniforme et le plus bienveillant, à s'éloigner de France en acceptant le commandement de notre établissement de Terre-Neuve à Saint-Pierre de Miquelon : il y passa cinq ans. C'était pour moi une interruption presqu'absolue dans mes plus tendres affections de famille, et je ne pus prendre le change sur les rapports répétés et pleins de tant de bonté qui me manquèrent tout à coup qu'en m'appliquant avec une ardeur persistante à la reconstruction du château de Kernuz dont la mort des parents de ma femme, nous (1) avait mis en possession depuis 1842.

Cependant mes enfants grandissaient, et je fus amené à songer à un déplacement de résidence qui devait avoir pour objet l'instruction de mon fils en même temps que je trouverais l'occasion de changer d'air suivant les prescriptions de la médecine qui ne parvenait pas à me débarrasser d'une fièvre intermittente, rebelle à tous les remèdes connus.

Versailles, après de nombreux renseignements pris à toutes les sources, fut le lieu où je m'arrêtai pour déployer ma tente.

La Révolution inattendue de 1848 venait d'avoir lieu et par un hasard aussi imprévu que cette Révolution elle-même, je me trouvai sur le lieu de la lutte, et présent à ses péripéties, comme je l'avais été à celles de 1830. — Un rendez-vous m'avait en effet été donné à Paris pour les derniers jours de février par mon ami de Caumont, à l'occasion d'un Congrès scientifique pour les préparatifs duquel il m'appelait près de lui ainsi qu'il avait eu plusieurs fois l'habitude de le faire.

Ne me doutant de rien, j'arrivai à la gare de la ligne d'Or-

(1) Pour le château de Kernuz, son histoire et celle de ma famille, voir le registre intitulé : *Famille Maufras du Chatellier.*

léans, le 23, vers les quatre heures du soir. — L'émotion était très-vive aux abords de la gare et quand je sortis pour demander une voiture qui put me conduire à l'hôtel où était descendu M. de Caumont, rue Richelieu, il me fut répondu qu'on se battait sur les ponts et aux abords du Palais-Royal, et qu'on ne pouvait y aller. Force me fut de prendre gîte dans un petit hôtel placé sur le boulevard qui descendait de la Salpétrière et assez prêt du pont d'Austerlitz.

Après m'être aventuré le long des quais par delà Notre-Dame, et avoir entendu quelques coups de fusil, je rentrai souper et me coucher dans le petit hôtel où on me raconta plusieurs détails sur les engagements qui avaient eu lieu dans la journée. Le lendemain 24, j'étais debout de très-bonne heure et je circulai de compagnie avec un jeune conducteur des ponts et chaussées arrêté comme moi à la sortie de la gare, et cherchant à se rendre compte de ce qui allait arriver ; quand, au petit point du jour, nous aperçumes des oisifs qui paraissaient n'avoir pas les meilleures intentions. Toutes les boutiques, ouvertes un instant, se refermaient ; et, si beaucoup de personnes disaient que la garde nationale devrait se réunir, ni fourriers ni tambours ne se présentaient pour faire l'appel. Les allées et les venues se répétaient sans motifs, et une bande de voyous dirigée par deux gamins de seize à dix-sept ans, armés de haches, parcouraient le front des boutiques demandant qu'on les ouvrît. — Eh ! pourquoi cela ! Et nous jetant entre eux et les boutiques, nous les éloignâmes en les menaçant de la canne... puis quelques gardes nationaux en uniforme parurent et nous annoncèrent que des avis donnaient à penser qu'un régiment de dragons allait descendre pour venir prendre position à la tête du pont d'Austerlitz... Que faire ? disaient-ils tous, il va y avoir une collision entre les troupes et les ouvriers de la gare, c'est inévitable. Et là-dessus chacun de se regarder, quand l'idée me vint de recourir à

5.

un expédient qui me paraissait d'un résultat assuré. — Je pris à part mon compagnon le conducteur des ponts et chaussées.... Et si nous abattions ces arbres sous lesquels nous nous promenons : il me semble que la cavalerie pourrait tourner bride. — Ah ! oui, c'est cela me fut-il répondu; et des scies ayant été aussitôt prises en main, nous fîmes en un clin-d'œil un abatis de jeunes arbres qui promptement placés sur la chaussée, formèrent un obstacle à tout passage que pourrait tenter la cavalerie.

Depuis, je me suis vingt fois demandé si j'avais été un des héros de 1848, comme je l'avais été de 1830, ou si dans l'un et l'autre cas je ne m'étais pas tout simplement employé à écarter des collisions fort inutiles. Je suis resté convaincu qu'en toutes circonstances, je n'aurais pu être qu'un révolutionnaire très-bénin et à l'eau de rose.

Cette belle opération consommée, et les heures s'écoulant, nous touchions à la fin de l'après-midi du 24 février, quand on annonça de toutes parts aux abords de la gare, que le dernier train, pour Orléans et Tours, allait partir sans qu'on fût bien sûr que les insurgés le laisseraient passer. C'était pour moi le moment de faire une savante retraite. Je mis deux lignes à la poste pour mon ami de Caumont; je bouclai ma malle et je me jetai dans un wagon qui me conduisit à Tours, où je pris gîte jusqu'au lendemain matin (le chemin de fer n'allait pas plus loin). J'avais l'espoir au point du jour de trouver un bateau à vapeur qui me conduirait à Nantes. Dès l'aube, un grand nombre de passagers se pressaient d'entrer dans le pyroscaphe, quand je me sentis frapper sur l'épaule par une personne très-soigneusement emmitouflée dans les cache-nez et les foulards. Je la reconnus à son son de voix : c'était M. Lorois, préfet du Morbihan. — Tiens, est-ce que vous étiez aussi de la partie, lui dis-je? — Chut, chut ! ne me nommez pas et descendons. Et, sans autre préambule, nous abordâmes le récit des deux journées du 23 et du 24 février.... Ils n'ont fait que des

bêtises et ils ont perdu la partie en manquant de résolution,
me dit M, Lorois : «M. Delessert (le préfet de police) n'a su
« donner aucun ordre et s'est laissé surprendre sur tous les
« points.... Un instant il a été question de le révoquer et
« de me nommer à sa place ; Mme Adélaïde insistait très-
« fortement dans ce sens ; mais, la reine Amélie l'a em-
« porté, et rien ne s'est fait ; je crois pouvoir dire que les
« choses se seraient passées tout autrement si j'avais eu les
« moyens d'agir. »

.....M. Lorois ajoutait que le maréchal Bugeaud lui avait
paru disposé aux plus fermes résolutions, et prenant et reprenant successivement tous les détails qui nous étaient
connus, nous arrivâmes le soir à Nantes vers la tombée du
jour. Le préfet du Morbihan avait naturellement très-grande
hâte d'arriver au chef-lieu de son département, et il m'offrit
de prendre place avec lui dans une voiture de poste pour
atteindre Vannes le plus tôt possible. Je ne crus pas devoir
accepter cette offre et je m'engageai seulement à mon passage à Vannes, le lendemain, à lui donner les nouvelles que
Nantes aurait reçues dans la nuit. — Je n'eus à mon passage à Vannes, vers midi, rien autre chose à lui apprendre,
si ce n'est que les dépêches reçues à Nantes confirmaient la
proclamation très-précise de la République et de la dé-
chéance du roi Louis-Philippe... La nouvelle courut promptement sur toutes les routes, et, quand j'arrivai de nuit à
Quimper, où toute ma famille était fort inquiète de savoir ce
que j'étais devenu, le bruit d'un changement de gouvernement commençait à se répandre.... On me laissa cependant
prendre mon bonnet de nuit ; mais, dès le lendemain, avant
que je fusse levé, le procureur du roi, M. Bernhard, qui
par hasard était mon locataire, frappait à ma porte, et je dus
lui confirmer la grande nouvelle qu'il n'osait encore s'avouer
qu'à voix très-basse. — Est-ce que vous auriez la complai-
sance de venir avec moi chez le préfet, me dit-il, car il est
sans nouvelles et sans dépêches. — Et d'un pas nous attei-

gnîmes la préfecture et le cabinet de M. Boullé. — Au premier moment, le préfet et le procureur du roi se regardant, semblèrent se demander s'ils devaient croire ce que je leur disais..... Si bien que de mon côté, je me demandais si je devais leur dire tout ce que j'avais vu ou appris, et s'il ne serait pas prudent à moi de m'échapper par de vagues confidences qui les laisseraient attendre les dépêches qui tardaient à arriver. — Leur ayant toutefois dit que c'était bien de la *République* qu'il était question, je les laissai en tête à tête, ni l'un ni l'autre n'ayant beaucoup le temps de me remercier de ma communication.

Ajouter ici combien de questions sur le même sujet me furent adressées dans la journée, de tous les coins où je m'arrêtai, serait chose aujourd'hui fort oiseuse : et, rentré près de ma famille, je n'eus qu'à reprendre le cours de mes habitudes en attendant le moment peu éloigné, où l'éducation de mon fils et de mes enfants me conduirait à Versailles où je devais prendre séjour pour quelques années, ainsi que je l'ai dit dans les lignes qui précèdent.

J'ai, en effet, passé près de cinq ans à Versailles, pendant que mon fils suivait les cours du lycée et que mes deux filles complétaient leur instruction dans les maisons religieuses de cette ville.

Quand on a des loisirs et que par goût on se trouve aimer l'étude, les bibliothèques et les sociétés savantes que possèdent toutes les villes d'une importance réelle, offrent un moyen assuré aux étrangers, qui s'y fixent, d'établir des relations convenables et d'un agrément assuré. C'est ce qui m'est arrivé à Versailles où je trouvai plusieurs compatriotes, et où, admis partout, je devins, en peu de temps et successivement, président de la Société des sciences morales de Seine-et-Oise, président de la Société d'horticulture, président de la conférence de Saint-Vincent de Paul et membre du bureau de bienfaisance de la ville; aussi n'ai-je eu qu'à me louer très-amplement de l'accueil bienveillant qui m'y a été fait, et si des intérêts de famille ne m'avaient pas rappelé en Bretagne, je m'y serais très-probablement fixé. J'y ai marié ma fille aînée à M. Léon Ruaulx de la Tribonnière, ingénieur des ponts et chaussées ; et je n'ai pas abandonné cette bonne ville, sans y laisser des amis avec lesquels j'ai conservé longtemps des relations suivies.

Mais avant de quitter Versailles, que j'en retienne ici un souvenir qui m'est fort agréable. Président de la Conférence de Saint-Vincent de Paul pendant plusieurs années, j'avais trouvé les habitants de Versailles si heureusement disposés à nous seconder dans nos œuvres de bienfaisance, que l'idée nous vint, pendant un hiver très-rigoureux, de créer un fourneau à l'aide duquel nous parvînmes à faire d'abondantes distributions de soupe et de viande. Chacun des membres de la Conférence s'y employa de la manière la plus empressée, et je dus compter comme membre des plus dévoués, l'honorable M. de Ségur d'Aguesseau, qui depuis a été un des sénateurs les plus distingués du second Empire. Pendant deux ans consécutifs, à raison des pouvoirs discrétionnaires dont jouissait le président de la Conférence, je lui donnai sans hésitation les missions les plus difficiles près de nos pauvres, et jamais je ne pus épuiser son zèle. — Après les soupes et les distributions à la main, nous avions les sermons et les concerts pour principale ressource. — Notre fourneau nous avait si bien réussi, et les dons avaient afflué avec une telle abondance, que je pus arriver à créer des cartes de distribution, qui furent un instant si accréditées que je sus qu'on les jouait au café et dans les soirées comme un enjeu, à l'écarté.

Je pensai que c'était le moment de profiter de la faveur qu'on nous accordait, et je parlai à mes confrères d'un grand concert à donner dans la belle salle de spectacle du château. — En un instant tout fut arrangé pour cela ; et, les rôles étant distribués, chacun de nous se mit en campagne pour donner le plus de retentissement possible à notre fête. — Nous eûmes des courses et des démarches sans nombre, à faire près des artistes qui devaient faire le succès de notre concert. Le poète Émile Deschamps, qui était des nôtres, fut spécialement chargé des demandes à adresser aux artistes en renom ; leur concours devait être gratuit et tout au profit de nos pauvres. Les longs pourparlers d'Emile Deschamps, tant auprès de ces dames de l'Opéra que près des chanteuses de l'Opéra-Comique, furent très-répétés. Moi je m'étais chargé, comme président, de la démarche à faire près de Mme Alboni qui était à l'apogée de son talent, mais qu'on disait dure et rebelle à toute concession. Je me rendis à son petit hôtel des Champs-Elysées où je l'attendis quelque temps dans un boudoir orné d'une quantité considérable de pipes et de narghilés de toute espèce. Elle vint enfin à moi, grasse, épaisse et joufflue comme on l'a connue. — Je lui déclinai l'objet de ma visite, et prenant ma voix la plus flûtée, je lui parlai de nos pauvres et des sacrifices sans nombre que nous avions à faire ; mais je vis promptement que mon éloquence aurait peu de succès. Cependant je crus un instant qu'elle se laisserait fléchir.... C'est pour les pauvres ? me dit-elle, eh ? bien, ce sera un billet de 1,000 francs ; mais, ordinairement, je ne me déplace que pour 2,000 francs. — Puis, après quelques détails sur la fête projetée, elle me demanda combien de fois je voulais qu'elle chantât. — Le plus possible, lui répondis-je. Trois fois, reprit-elle, si la chose vous est agréable ! Et ce fut entendu. Tout Versailles se rendit à notre appel, et de compte bien fait nous recueillîmes 6,000 francs pour nos pauvres. Ce résultat était magnifique et inespéré, car à la suite d'un sermon donné à Notre-Dame l'une des années précédentes, je n'étais arrivé qu'à 1,100 francs en quêtant avec Mme de Saint-Marseau, femme du préfet.

Rentré définitivement en Bretagne vers 1852, j'y suis resté confiné d'une manière invariable jusqu'en 1858, époque où je fus élu, à l'unanimité, membre correspondant de l'Ins-

titut, classe des sciences morales. MM. Laferrière et Moreau-
de Jonès y furent mes parrains. Tous les membres de l'Académie auxquels je rendis visite pour les remercier de leur
vote en ma faveur voulurent bien m'accueillir avec une
bonté marquée. Je veux toutefois noter en passant la ré-
ception toute particulière qui me fut faite par le marquis
d'Audiffret-Pasquier qui appartenait à la section de statistique à laquelle je fus attaché. Je ne connaissais M. d'Audiffret-Pasquier que par la réputation de grand financier
que ses nombreux rapports sur le budget de l'État lui
avaient justement acquise. Notre conversation prit d'elle-
même cette direction et j'écoutais avec un intérêt marqué
ce qu'il me disait des budgets toujours croissants que rien
ne pouvait arrêter dans leur exagération alarmante.

« Mais comment en serait-il autrement, me dit-il : outre
« les dépenses courantes et légales, il y en a beaucoup
« d'autres dont le caractère et l'origine tendent à tout cor-
« rompre. — Un jour, ajouta-t-il, quel ne fut pas mon
« étonnement de voir le secrétaire intime de M. Guizot
« venir m'offrir de sa part vingt actions désintéressées du
« chemin de fer d'Orléans. Vous pouvez juger de mon indi-
« gnation ; et les repoussant avec mépris je me promis d'en
« avoir le cœur net vis à vis des ministres. Je n'osai pas
« cependant en parler à M. Guizot que je connaissais peu,
« et, dans mon embarras, je m'adressai à M. Duchâtel, mi-
« nistre de l'intérieur, avec lequel j'avais des relations plus
« suivies. — Que voulez-vous, me répondit le Ministre,
« nous ne pouvons faire autrement ; sans cela nous n'ar-
« riverions à rien... » — En voyant, à quelques jours de là,
mon ami Paul Dubois, je lui rapportai ce que m'avait raconté le marquis d'Audiffret-Pasquier. — « Eh ! parbleu,
« que cela ne t'étonne pas, pareille chose m'est arrivée. —
« Rapporteur du chemin de fer de *** je vis un jour le même
« secrétaire de M. Guizot venir me faire visite sous le pré-
« texte de me parler de ce chemin et de mon rapport. — Il

« se retirait, quand j'aperçus sur ma cheminée un rouleau
« qu'il y avait laissé. Je reconnus de suite que c'étaient
« des actions désintéressées du chemin de fer duquel j'étais
« rapporteur. Je courus après mon homme, je le rattrapai
« au bas de l'escalier, je lui remis ses papiers et lui signi-
« fiai que si pareille démarche était de nouveau tentée près
« de moi, je monterais à la tribune pour dénoncer les
« faits. »

Je n'aurais su attendre moins de mon ancien camarade
Dubois ; mais du même coup je me formai une opinion bien
arrêtée à l'égard des hommes qui recouraient à de pareils
expédients.

J'ai pendant plusieurs années fait à l'Institut des commu-
nications sur des sujets variés dont les comptes-rendus se
trouvent dans les bulletins de l'Académie ; naturellement je
m'abstiens d'en parler ici.

Ces travaux, des relations suivies avec mon ami, M. de
Caumont et quelques rapports d'affaires soit privées, soit
publiques joints à des soins donnés à nos propriétés, suf-
firent pour employer très-activement les moments dont je
pouvais disposer.

Un peu plus tard, le mariage de ma fille Armande avec
M. Ducrest de Villeneuve, qui en 1868 quitta le service militaire pour entrer dans les bureaux du Ministère de l'Intérieur comme attaché, me conduisit à reprendre la vie de
Paris, pendant quelques mois de l'année. Ma présence aux
séances hebdomadaires de l'Académie des sciences morales
et de l'Académie des inscriptions fut un des emplois de mon
temps pendant ces séjours qui embrassaient la presque
totalité des mois de l'hiver. Quand à partir de 1870, mon
gendre Ducrest se trouva successivement appelé à la sous-
préfecture de Meaux et plus tard aux préfectures de l'Yonne
et de la Marne, au lieu de passer nos hivers à Paris, nous

en passâmes plusieurs dans les résidences que lui assignèrent ces nouvelles fonctions. — Mais dès sa prise de possession de la sous-préfecture de Meaux en 1870, la guerre contre l'Allemagne s'était ouverte et accumula bientôt sur notre pauvre pays les désastres qu'on connaît. Nous nous trouvâmes naturellement confinés à Kernuz, pendant que Ducrest obligé de se replier sur Paris avec ses contingents, prit une part active au siège de la capitale. Il en recueillera peut-être plus tard les souvenirs. De mon côté je rappellerai celui qui suit :

Nous étions au 10 septembre 1870, plusieurs journées de tempête avaient eu lieu et le temps s'était rasséréné. J'en profitai pour aller le soir à Pont-Labbé voir si le courrier nous apporterait quelques lettres de notre gendre qui se trouvait confiné dans l'enceinte de Paris. De son côté, mon fils avec un de ses amis s'était échappé pour aller faire de la peinture à son atelier de Penmarch, situé près de *Tal an ifern*. — Le jour tombait et il était vers 7 heures du soir quand rentrant de Pont-Labbé j'aperçus à une petite distance, venant de Penmarch, mon fils auquel je fis plusieurs signaux pour lui annoncer que j'avais cinq lettres de Ducrest et je passai outre en filant sur la petite route qui s'embranche sur la voie vicinale pour atteindre Kernuz. Mais à peine arrivé, et après avoir remis à ma fille les lettres de son mari, mon fils Paul, arrêté devant le château, donnait la main à deux dames pour les aider à descendre d'un char à banc à quatre roues que je ne connaissais pas. Un monsieur décoré accompagnait ces dames et se livrait avec elles à des gestes et des gémissements dont je ne pouvais comprendre le motif au milieu des larmes et des exclamations qui ne s'arrêtaient que sous des étouffements qui les laissaient sans parole... Un malheur irréparable s'exclama mon fils !

— Figure-toi que sous la fenêtre de mon atelier, à deux pas de moi, une lame de fond a enlevé de dessus la Roche, la femme et la fille de Monsieur, les enfants de Madame et une amie de leur famille. — Ah ! mon Dieu ! Qu'est-ce donc et que dis-tu là ? et il me fut expliqué que la femme et la fille de M. Levainville, dernier préfet du Finistère, les deux jeunes enfants de Mme Drèche sa belle-sœur, dont le mari était retenu dans les murs de Paris comme mon gendre, et une cinquième personne Mme de Bonnefin, sœur de M. Arsène Houssaie, avaient été subitement enlevés du rocher où ils étaient assis, par une lame qui les précipita dans un gouffre où ils avaient disparu sans qu'il ait été possible de leur porter aucun secours... cette affreuse scène fut en quelque sorte reproduite sous nos yeux par le désespoir croissant de ces malheureux parents que mon fils avait recueillis sur place. Nous leur prodigâmes tous les soins que moi et Mme du Chatellier pûmes leur offrir... mais que dire et que faire à l'occasion d'un pareil malheur... Quoique nous ne les connussions pas, nous espérâmes un instant les retenir près de nous à passer la nuit. Nos instances furent inutiles et mon fils, dans une voiture que nous fîmes atteler, les reconduisit à Bénaudet d'où ils étaient partis le matin aux cris de joie des trois jeunes enfants, de leur famille qui demandaient depuis plusieurs jours à faire l'excursion dont ils ne devaient pas revenir.

Il n'est pas de famille qui n'ait eu des malheurs à déplorer ; mais aucune certainement n'a eu à prendre date d'un pareil désastre et d'une pareille journée. Mon fils et un excellent homme, M. Fleuret, secrétaire général de la préfecture du Finistère, ami dévoué de M. Levainville, s'appliquèrent pendant plusieurs jours à rechercher, dans les roches et sur les grèves, les restes mortels de ces malheureuses victimes. Ils ne purent être complétement recueillis. Deux personnes manquèrent à ce dernier rendez-vous de la mort, Mlle Dreche et Mme de Bonnefin. Les trois autres retrouvées après un séjour p'us ou moins prolongé sous les eaux

sont restées exposées dans leur cercueil pendant près de
six mois sur le parvis de la petite chapelle de Saint-Guénolé
à Penmarch.

De ce jour nos larmes se sont naturellement confondues
dans les tristesses prolongées des deux familles Levainville
et Dreche et toutes deux s'étant décidées à se fixer sur les
lieux où ce malheur inouï est venu les frapper, ma famille
a trouvé en eux des amis et comme de nouveaux parents
dont les sentiments et l'affection se confondent pour tout ce
qui nous est personnel d'un côté comme de l'autre.

Mais puisque j'en suis aux tristes souvenirs dont la mort
frappe chaque famille, je me sens naturellement appelé à
parler ici de la chapelle de la Madeleine à Pont-Labbé qui
est devenue l'asile funéraire de notre famille. En 1804
Mme Kervahut, née Le Goff, et en 1817 M. Kervahut, notaire,
tous deux grands pères de ma femme y avaient été enter-
rés. Depuis, en 1839 et 1842, M. et Mme Huard père et mère
de Mme du Châtellier y ont été également inhumés. Quand la
veuve de M. Girard, petit-fils de M. et Mme Kervahut provo-
qua plus tard la vente judiciaire de cette sépulture de
famille, j'en devins acquéreur définitif au nom de ma femme.
J'y ai fait transporter de Quimper les restes de mon père et
de ma mère ; et un jeune enfant à mon fils y a été inhumé
en 1861. Une liasse spéciale portant le titre de chapelle de
la Madeleine, se trouve faire partie des archives du château
de Kernuz.

Retenu plus que jamais à Kernuz où la famille s'élargissait
par la présence de mon fils Paul et de sa femme suivis
bientôt de quatre jeunes enfants, il arriva en mars 1875
que je me vis appelé à la mairie de Pont-Labbé sur la
demande de M. Pilhoret, préfet du département. — Je ne
dirai rien ici de ma gestion qui dura près de trois ans. Elle
prit fin en novembre 1877, par une lettre de moi énonçant
les motifs de ma démission. Les registres de la mairie ainsi
que les procès-verbaux des séances du conseil de la Com-

mune contiennent tous les renseignements qui pourraient être bons à consulter.

Je m'arrête à cet exposé des longues années qu'il m'a été donné de compter, et au moment de les voir se clore, je termine ce récit par l'indication d'un acte de famille, daté du 30 mars 1879, suivant lequel nous avons transmis tous nos biens à nos enfants en nous réservant l'usufruit d'une partie d'entre eux.

J'y joins, comme dernier renseignement, la liste des livres et des mémoires que j'ai publiés et une note des travaux manuscrits que je confie aux soins de mes enfants.

Ce sera comme un certificat de l'emploi que j'ai fait de mon temps sans faillir aux soins que je devais aux intérêts de ma famille.

D'une autre part, le respect soutenu dont j'ai constamment honoré mes vieux parents ainsi que l'amour et l'affection que j'ai portés à la femme d'un cœur sans égal à laquelle mon sort a été uni pendant cinquante-trois ans se présentant à moi, dans ces derniers moments, comme un souvenir sans prix, j'espère que ce souvenir indiquera à ceux qui me suivront la force et la confiance en soi, que tout homme honnête est sûr de trouver dans ces sentiments et les devoirs qui en découlent.

A. Maufras du Chatellier.

LISTE DES OUVRAGES QUE J'AI PUBLIÈS.

Coup-d'œil sur le nouveau système commercial de l'Angleterre.
Essai sur les salaires et les prix de consommation.
Recherches statistiques sur le Finistère (prix Montyon).
Administrations collectives de la France avant et depuis 1789.
Les Réformations de la noblesse.
Invasions de l'étranger dans les XIVᵉ et XVᵉ siècles.
L'Inde antique.
Congrès scientifiques et mouvement des études.

Annales bretonnes.
Notice sur les lois galloises d'Howel-Daa.
La baronnie du Pont.
Ce que devint la représentation provinciale en Bretagne.
Essai sur la propriété en Bretagne.
L'agriculture et les classes agricoles en Bretagne.
Enquête sur l'état de l'agriculture en 1866.
Les évêchés bretons.
L'évêque et la ville de Quimper devant le roi Charles VIII.

La mort de Louis XVI (3 éditions).
La mort des Girondins, 1 vol.
Histoire de la Révolution dans les départements de l'ancienne Bretagne, 6 vol, traduite en anglais.
Brest et le Finistère sous la Terreur, 1 vol.
Les 26 administrateurs du Finistère guillotinés, le 3 prairial an II (22 mai 1794).
Les prisons en l'an II.
Notices sur le représentant Guezno, sur l'archevêque Le Coz, — sur Latour d'Auvergne, — sur Defermon, — sur Hoche, — sur les généraux Watrin et Travot, sur Fréron et Royou.
Notices sur les Tumulus du canton de Pont-Labbé, sur les pierres alignées de Lestridiou, sur l'atelier de figurines de Tréguennec.

A ces publications je dois ajouter les manuscrits qui suivent :

Essai sur les grandes nationalités des temps anciens, in-folio.
1ᵉʳ Volume, in-folio de 418 pages : ÉGYPTE.
2ᵉ Volume, in-folio de 377 pages : INDE.
3ᵉ Volume, in-folio de 210 pages : ASIE CENTRALE.
4ᵉ Volume, in-folio de 839 pages : GRÈCE.
Évêché et Ville de Quimper, in-folio de 205 pages.
L'Église pendant la Révolution, in-folio de 372 pages.
Études sur les Religions, in-folio de 90 pages.
Un département de la Bretagne après le 18 fructidor, in-folio de 123 pages.

NOTA. — De nombreux cartons de correspondances résultant de mes relations littéraires et amicales, forment un ensemble de renseignements qui se joignent naturellement aux manuscrits et aux publications désignés ci-dessus.

Je termine par un dernier mot sur le château de Kernuz que j'ai rebâti en 1843, et qui est devenu l'habitation ordinaire de ma famille.

Cette demeure qui fut une juveigneurie de la baronnie de Pont-Labbé, avec une basse justice, a été successivement occupée depuis le xiiᵉ siècle par des gentilshommes dont quelques-uns suivirent Duguesclin jusque dans ses excursions en Espagne. Des monnaies en argent et en or du temps de Philippe-Auguste, de Philippe le Bel et de Louis le Hutin, trouvées sur place, ainsi que quelques pièces espagnoles du règne de Pierre le Cruel, ne laissent aucun doute sur ce que nous avançons. — Le château est resté entouré de ses murs d'enceinte et de plusieurs corps de défense avec leurs meurtrières.

Quand les troubles de la Ligue survinrent à la fin du xviᵉ siècle, Kernuz se trouvait habité par des gentilshommes qui tinrent résolument pour le parti du Roi contre les ligueurs. Des peintures à fresque dont il a été rendu compte avec quelques dessins, dans le *Bulletin monumental* de M. de Caumont, en 1850, étaient restées sur les murs du vieux castel comme une satire contre *le gros Mercœur*, chef des ligueurs. Kernuz a été occupé depuis par le chevalier Riou, du pays de Lannion, et la famille de Sclabissac dont deux officiers de marine étaient encore sur les lieux en 1784 (1).

Acquis en 1817 par mon beau-père, M. Huard, je suis venu y demeurer en 1842, et je l'ai reconstruit à cette époque en lui conservant le caractère du XVe siècle, que de belles croisées indiquaient suffisamment.

Le calme de l'étude et mon éloignement des fonctions publiques, m'ont permis d'y créer une bibliothèque comprenant environ trois mille volumes. Un catalogue à mettre au courant avec les nombreux volumes sur les arts ajoutés par mon fils, peut être facilement complété.

(1) Dans un acte de naissance du quatrième fils de messire Pierre-François Riou, daté du 24 août 1684, que j'ai relevé sur le registre des naissances, mariages et décès de la paroisse de Plomeur, je trouve que le sire de Kernuz se parait alors des titres de *baron* de Kerouent, *comte* de Bréhoulou, *vicomte* de Kergaradec, *seigneur* de Lesquenvic, de Croespilo, de Riou, de Launay, de Kerlaz et autres lieux. L'acte porte que l'enfant fut baptisé dans la chapelle de Kernuz et que messire Fouquet, seigneur de Challain, président à mortier du parlement de Bretagne, fut parrain.

J'ai cru utile de rapporter cet acte pour montrer quelle fièvre immodérée de titres le grand siècle de Louis XIV avait fait naître jusques dans les lieux les plus écartés de la province, et avec quelle facilité chacun s'en donnait.

— Ces baronnies, ces comtés et ces vicomtés, que s'attribuait si largement le petit gentilhomme bas-breton, n'étaient autres, en effet, que les petites fermes qui confinent encore aujourd'hui à la terre de Kernuz. Arentées alors en seigle et en avoine, chacune d'elles, à raison de l'état arriéré des cultures, ne pouvait pas valoir, en moyenne, plus de 6 à 800 francs de notre monnaie.

Outre cette bibliothèque, je dois mentionner une collection nombreuse de documents rares et manuscrits qui se divisent en trois classes :

1° Sur les évêchés de Cornouaille et de Léon, en remontant jusqu'au XIII° siècle. Ils sont catalogués.

2° Sur la ville de Quimper : comptes de la mairie, délibérations du corps politique, fortifications, travaux publics, etc.

3° Sur les troubles et les guerres de la Révolution de 1789 à 1800. Rapports et correspondances des généraux de la République ainsi que des chefs vendéens.

A ces richesses bibliophiles se joignent aujourd'hui une galerie de tableaux, dont quelques-uns des grands maîtres, et une vaste collection d'antiquités préhistoriques, qui nous a forcés, mon fils et moi, d'ajouter une aile nouvelle à l'ancien château.

Cette dernière collection, qui appartient entièrement à mon fils, est due à ses recherches et à un amour infatigable de l'art. Je n'y figure que pour quelques découvertes qui n'ont d'autre mérite qu'une pensée de première initiative. Mon fils y a réuni plusieurs monuments d'une rareté unique et sans similaires. Je ne doute pas qu'avec le temps, lui et son jeune fils, déjà épris d'un amour d'antiquités égal à celui de son père, n'y ajoutent beaucoup d'objets précieux.

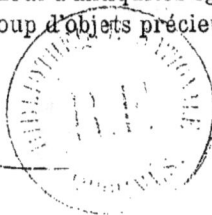

Orléans — Imp Ernest Colas

www.ingramcontent.com/pod-product-compliance
Lightning Source LLC
Chambersburg PA
CBHW070855280326
41934CB00008B/1456